AS RECEITAS DAS famílias PORTUGUESAS

AS RECEITAS DAS famílias PORTUGUESAS

Filipa Vacondeus

lua de papel

Diretor editorial: Pascoal Soto
Editor: Pedro Almeida
Assistente editorial: Marília Chaves

Preparação de texto: Sandra Scapin
Revisão: Beatriz F. Moreira
Diagramação: S4 Editorial
Capa: S4 Editorial
Fotos da capa (indicadas por linha de fotos, da esquerda para a direita):
1: Hans Carlen/Getty Images, Nicolas Lemonier e Vasco Emídio, Thinkstock
2: Heath Robbins/Getty Images, Dreamstime, Tom Grill/Getty Images
3: Thinkstock, Nicolas Lemonier e Vasco Emídio, James Baigrie/Getty Images

Fotos internas (indicadas pelo número sequencial em que aparecem no caderno de fotos):
– Nicolas Lemonier e Vasco Emídio: fotos 1, 4, 5, 6, 9 e 14
– Fotolia: fotos 2, 3, 10 e 13
– Dreamstime:fotos 8, 12 e 15
– Thinkstock: foto 11

DADOS INTERNACIONAIS DE CATALOGAÇÃO NA PUBLICAÇÃO (CIP)
(Câmara Brasileira do Livro, SP, Brasil)

Vacondeus, Filipa
Receitas das famílias portuguesas / Filipa Vacondeus. – São Paulo : Lua de Papel, 2010.

Título original: *As grandes receitas das famílias portuguesas.*
ISBN 978-85-63066-41-1

1. Culinária portuguesa 2. Gastronomia 3. Receitas I. Título.

10-10644 CDD-641.59469

ÍNDICE PARA CATÁLOGO SISTEMÁTICO
1. Cozinha portuguesa : Receitas : Culinária 641.59469

TEXTO EDITORES LTDA.
[Uma editora do grupo Leya]
Av. Angélica, 2163 – Conj. 175/178
01227-200 – Santa Cecília – São Paulo – SP
www.leya.com

Camarões ao alho com pimentão

Tomates recheados com queijo de cabra

Suflê de bacalhau

Coxas de pato ao vinho do Porto e pêssegos em calda

Peixe no sal

Filés de linguado com vermute

Costeletas de carneiro com compota de cebola

Peixe a escabeche

Sopa de panela de perdiz ou codorna

Tortilha de batata e cebola

Ovos mexidos com cogumelos

Bolo de chocolate especial

Bolo-rei autêntico com massa de brioche

Encharcada

Arroz-doce da Filipa

Sumário

Introdução

Este livro de receitas não tem outra intenção que não seja transmitir, principalmente aos mais jovens, um verdadeiro patrimônio nacional, que são as receitas familiares de Portugal, aquelas das casas de nossos avós, que, não tenho dúvidas, muitos relembram com saudade, mas que, pelas vicissitudes da vida, não aprenderam a executar ou já esqueceram.

Sem ser um livro exaustivo, o que quero transmitir – e sem me afastar da ideia de economia – são as receitas de alguns pratos de qualidade, que fizeram parte de muitos jantares de família, de amigos e até de bons restaurantes, e que durante a minha vida me deram momentos de grande prazer.

Também procuro dar indicações de formas e tempos de preparo de algumas receitas, especialmente daquelas que me são mais solicitadas, e, de modo geral, tento agilizar o processo, dando ideias e dicas para que o leitor se saia bem até em um momento de pressa – para quem não tem prática de cozinha, a pressão de preparar algo rapidamente pode ser angustiante.

Cozinhar, para mim, é uma festa, e gostaria que este livro incutisse este mesmo sentimento em você, leitor. Para quem gosta, cozinhar é uma terapia, mas para quem não gosta, chega a ser um sacrifício. Assim, se puder ajudar o leitor, fico feliz.

Dedico este livro a todas as pessoas que me acompanham neste trabalho há mais de trinta anos, e espero que minhas ideias possam ajudar a quem recorrer a ele.

NOTA:

As receitas, em geral, são para quatro pessoas. Casos diferentes trarão indicação específica.

Entradas

Entradas

Em um almoço ou jantar com amigos, ou até com convidados especiais, podemos começar a refeição com uma entrada mais sofisticada, que dê um toque de novidade.

Algumas das entradas que aparecem neste livro são muito fáceis de preparar e de baixo custo, valorizando o prato que, segundo o seu critério, completará a refeição.

Mariscos com molho de ovos

2 kg de mariscos frescos ou 1 embalagem de mariscos congelados
1 cebola grande
1 dente de alho
100 ml de azeite
½ copo de vinho branco
2 limões
1 colher de sopa de creme de leite
4 gemas
1 punhado de coentro
Sal
Pimenta-do-reino

No caso de mariscos frescos, coloque-os em uma panela, cubra com água e leve ao fogo alto, deixando ferver, para que se abram, e retire-os das cascas. Passe a água do cozimento em uma peneira fina e reserve. Pique a cebola e o dente de alho, coloque em uma panela com o azeite e leve ao fogo apenas para cozinhar, sem dourar. Então, junte o marisco descascado, deixe cozinhar apenas um minuto e acrescente um pouco da água do cozimento que ficou reservada. Tempere com sal e pimenta-do-reino, regue com o vinho branco e deixe cozinhar mais alguns minutos. Em seguida, coloque as gemas em uma tigela, bata ligeiramente e junte o creme de leite, o suco dos limões e o coentro grosseiramente picado. Retire os mariscos do fogo, junte a mistura de gemas e leve novamente a fogo muito brando, para engrossar o molho sem ferver. Sirva com fatias de pão torrado ou com arroz branco soltinho.

Sugestão:

Este prato tanto pode ser feito com mariscos como com vôngoles, só que estes são muito mais caros. Recomendo a utilização de marisco fresco, porque o resultado é muito melhor. Quem não puder comer ovos, pode substituir as gemas por amido de milho diluído em um pouco de água, para engrossar o molho.

Mariscos ao molho de mostarda

1 lata de mariscos em conserva
2 limões
1 pimentão vermelho
4 colheres de sopa de maionese
2 colheres de chá de mostarda de boa qualidade
2 colheres de sopa de cebolinha picada
1 pé de alface

Forre uma travessa com folhas de alface e por cima disponha, em círculo, rodelas de limão. Sobre o limão, coloque os mariscos bem escorridos e salpique-os com pimentão vermelho picado grosseiramente. Em uma tigela à parte, misture bem a maionese com a mostarda e a cebolinha picada e sirva este molho para acompanhar os mariscos.

SUGESTÃO:

Substitua os mariscos em conserva por mariscos frescos, abertos ao fogo e temperados apenas com suco de limão. Procure utilizar metade da quantidade de maionese *light* e juntar creme de leite de soja ou iogurte desnatado.

Camarões enrolados em bacon

1 kg de camarão grande sem casca

1 cebola média

250 g de bacon *cortado em fatias finas*

1 limão

Azeite

Água

Sal

Pimenta-do-reino em grãos

Leve ao fogo uma panela grande com água, sal, rodelas de cebola, rodelas de limão e grãos de pimenta-do-reino; quando começar a ferver, despeje os camarões. Assim que começarem a ficar rosados, escorra-os e enrole-os, um a um, nas fatias de bacon. Aqueça muito bem uma frigideira antiaderente, unte-a com um fio de azeite e frite rapidamente os rolinhos de camarões. Sirva acompanhado de uma boa salada fresca.

Sugestão:

O *bacon* pode ser substituído por fatias muito finas de massa folhada, e, em vez de fritar os camarões, pode-se levá-los ao forno bem quente, apenas para dourar a massa.

Camarões ao alho com pimentão

Limpe a cabeça de alho e ponha-a em uma frigideira grande com as pimentas vermelhas partidas, os pimentões cortados em tirinhas e o azeite. Lave os camarões e retire as cascas, deixando cabeças e caudas, e tempere-os apenas com sal grosso e suco de limão e reserve. Leve a frigideira ao fogo. Quando a cabeça de alho começar a fritar e os pimentões a murchar, despeje os camarões e salteie-os até começarem a dourar. Regue com o vinho branco, deixe cozinhar cerca de quatro minutos. Então, retire do fogo e adicione coentro picado. Sirva bem quente.

24 camarões médios
6 colheres de sopa de azeite
1 cabeça de alho
2 pimentões vermelhos
4 pimentas vermelhas secas
3 colheres de sopa de suco de limão
3 colheres de sopa de vinho branco
3 colheres de sopa de coentro picado
Sal grosso

Sugestão:

Se substituir o vinho branco por água e não colocar as pimentas vermelhas, ficará uma receita bem mais leve.

Camarões com pimenta vermelha

400 g de camarão grande descascado
8 dentes de alho
4 pimentas vermelhas secas
4 colheres de sopa de azeite
1 limão
Coentro picado
Sal

Em caso de camarão congelado, descongele-o totalmente, lave e tempere com sal. Amasse os dentes de alho com as pimentas vermelhas e coloque em uma frigideira de barro, juntamente com o azeite, e leve ao fogo. Quando os dentes de alho começarem a dourar, junte os camarões e cozinhe apenas o tempo de ficarem rosados. Retire do fogo, regue com gotas de limão, junte coentro picado e sirva bem quente.

SUGESTÃO:

Esta entrada pode servir de refeição se acompanhada de um bom arroz branco soltinho e de uma boa salada.

Conquilhas da minha avó

Lave muito bem as conquilhas para retirar toda a areia e deixe escorrer. Leve ao fogo uma frigideira grande com a cabeça de alho, as pimentas vermelhas partidas, o azeite e as conquilhas, tempere com sal e pimenta-do-reino e mantenha o fogo alto até que comecem a se abrir. Junte o vinho branco e parte do maço de coentro e cozinhe até que estejam completamente abertas, sacudindo a frigideira para que aqueçam por igual. No momento de servir, salpique-as generosamente com coentro picado, regue com um pouco de suco de limão e sirva com o limão restante cortado em gomos.

2 kg de conquilhas
1 cabeça de alho
2 pimentas vermelhas secas
50 ml de azeite
50 ml de vinho branco
2 limões
1 maço grande de coentro
Sal
Pimenta-do-reino

SUGESTÃO:

Nesta receita podem ser evitadas as pimentas vermelhas e o vinho branco, que pode ser substituído por um pouco de água.

Vôngole com molho especial

2 kg de vôngole fresco
4 dentes de alho amassados com casca
2 pimentas vermelhas
3 colheres de sopa de azeite
1 colher de sopa de manteiga
1 copo de cerveja
1 colher de sopa de páprica doce
2 limões
1 folha de louro
1 ramo grande de coentro
Sal
Pimenta-do-reino

Lave muito bem os vôngoles, escorra-os e reserve. Em uma frigideira grande, coloque os dentes de alho, as pimentas vermelhas, o azeite e a folha de louro. Quando começar a ferver despeje os vôngoles, tempere com sal e pimenta-do-reino, regue com a cerveja, já tendo diluído nela a páprica, acrescente a manteiga e deixe-os abrir completamente, em fogo não muito forte, para o molho engrossar um pouco. Salpique coentro e sirva com gomos de limão.

Sugestão:

Utilize apenas azeite, evitando a manteiga, e, em lugar das pimentas vermelhas e da cerveja, use apenas água.

Ostras com molhos diferentes

Abra as ostras com uma faca especial, coloque-as sobre o gelo grosseiramente picado e sobre as algas e guarde na geladeira. Em seguida, prepare o molho, misturando as cebolinhas picadas com o vinagre, o açúcar e o sal e guarde na geladeira, juntamente com as ostras.

2 dúzias de ostras pequenas
Gelo picado
Algas
2 cebolinhas picadas
2 colheres de sopa de vinagre de vinho tinto
2 colheres de sobremesa de açúcar
1 pitada de sal

Para o outro molho (na mesma proporção):
1 pimenta-malagueta, sem sementes
Vinagre de sidra
Açúcar
Sal

Sugestão:

Atualmente, no Brasil, produtores de ostras têm a produção submetida a controle de qualidade, o que dá mais segurança aos apreciadores desse molusco. Veja outra forma de preparar ostras: abra-as e, com a água que escorrer delas, preparar um molho branco leve; então, tempere-as apenas com pimenta-do-reino e gotas de limão, cubra-as com o molho (dentro da casca), polvilhe-as generosamente com farinha de rosca e leve-as ao forno para gratinar.

Torradas de caranguejo

8 camarões grandes
1 lata de carne de caranguejo
8 torradas ou fatias de pão de forma torradas
1 xícara de maionese
2 ovos cozidos
Folhas de alface
1 colher de sopa de alcaparras
8 azeitonas sem caroço
Cebolinha
Sal
Pimenta-do-reino

Lave e escorra as folhas de alface, escolhendo de preferência as mais côncavas. Cozinhe os camarões em água e sal, escorra-os e descasque-os, deixando a cabeça e a cauda. Escorra a carne de caranguejo e pique-a juntamente com os ovos cozidos, as azeitonas e as alcaparras. Envolva tudo na maionese e tempere com pimenta-do-reino moída na hora. Coloque uma folha de alface sobre cada torrada e encha-a com o preparado de caranguejo. Enfeite com um camarão cozido e, se gostar, salpique cebolinha picada por cima.

SUGESTÃO:

Para a receita ficar mais leve, utilize apenas metade da maionese e acrescente 2 colheres de sopa de creme de leite de soja ou de iogurte desnatado.

Pasta de kani

Descongele um pacotinho de *kani* e coloque na centrífuga juntamente com os picles picados, a maionese, a mostarda, as azeitonas, o uísque, o sal e a pimenta-do-reino. Bata o suficiente para formar uma pasta não muito fina. Despeje em uma tigela e junte o creme de leite, mexendo bem. Coloque em uma taça redonda, previamente untada com óleo, e leve à geladeira. No momento de servir, forre um prato grande com folhas de alface, desenforme a pasta de *kani* no centro e enfeite com os tomates-cereja.

1 embalagem de kani

1 colher de sopa de picles picados

250 ml de maionese

1 colher de sopa de mostarda de boa qualidade

2 colheres de sopa de creme de leite

4 azeitonas verdes picadas

1 colher de chá de uísque

1 pé de alface

Tomates-cereja

Sal

Pimenta-do-reino

SUGESTÃO:

Prepare esta receita substituindo a maionese comum por maionese *light* ou iogurte natural e o creme de leite por creme de leite *light* ou *tofu*.

Suflê de bacalhau

80 g de bacalhau
½ litro de leite
4 ovos
4 colheres de sopa, bem cheias, de farinha de trigo
1 colher de sopa de manteiga
Suco de limão
Sal
Pimenta-do-reino

Cozinhe o bacalhau, limpe-o bem, retirando peles e espinhas, e passe-o duas vezes pela máquina de moer ou triture-o ligeiramente na centrífuga. Dilua a farinha em um pouco de leite frio e, em seguida, adicione o leite restante e a manteiga e leve ao fogo, mexendo sem parar até a farinha cozinhar e formar um creme liso. Tempere com sal, pimenta-do-reino e gotas de suco de limão. Junte o bacalhau e as gemas e bata bem para incorporar. Bata as claras em neve, incorpore-as delicadamente no preparado anterior e despeje tudo em uma forma refratária ou em forminhas individuais, previamente untadas com manteiga. Leve ao forno aquecido a 200°C, cerca de 20 minutos, ou até crescer e dourar.

SUGESTÃO:

Este suflê pode ser preparado com legumes, queijos, peixes ou frutos do mar.

Avocados com recheio de atum

Escorra muito bem o atum e amasse-o com um garfo. Abra os avocados ao meio e, com a ajuda de uma colher pequena, retire os caroços e a polpa, com cuidado para não ferir as cascas, e reserve-as. Amasse a polpa e misture-a com o atum. Junte o creme de leite, o *ketchup* e o uísque até obter uma pasta homogênea. Pique algumas folhas da alface, encha o fundo das cascas e, por cima, coloque a pasta preparada. Polvilhe com pimenta caiena e enfeite com as azeitonas.

2 avocados maduros
1 lata de atum
1 xícara de maionese
4 colheres de sopa de ketchup
2 colheres de sopa de creme de leite
1 colher de chá de uísque
1 pé de alface frisée
Azeitonas recheadas
1 pitada de pimenta caiena

Sugestão:

Substitua o atum por *kani* picado, a maionese e o creme de leite por *tofu* e creme de leite de soja, e o uísque por suco de limão. E o avocado pode ser substituído por abacate.

Musse de presunto

300 g de presunto
75 g de manteiga
150 ml de creme de leite
2 colheres de sopa de molho branco
1 colher de sopa de alcaparras

Na centrífuga ou no liquidificador, bata muito bem o presunto e adicione a manteiga, o molho branco (bem grosso) e metade do creme de leite. Depois de batido, passe tudo por uma peneira fina, adicione o creme de leite restante, misturando bem, e coloque em uma taça ou forma e leve à geladeira. Para servir, decore com as alcaparras.

Sugestão:

Musses podem ser a solução ideal para algumas ocasiões e podem ser feitas com peixe, salmão, cogumelos, fígado etc.

Empanados de linguiça defumada

1 linguiça defumada
150 g de farinha de trigo
100 ml de água morna
2 colheres de sopa de manteiga derretida
1 ovo batido
Sal
Pimenta-do-reino

Corte a linguiça em rodelas finas e reserve. Faça uma massinha de empanar, juntando pouco a pouco a farinha, a água, o ovo, a manteiga, o sal e a pimenta-do-reino. Bata bem e deixe descansar por meia hora, pelo menos, para engrossar. Mergulhe as rodelas de linguiça na massa e frite-as às colheradas em óleo quente até dourar. Os empanados podem ser comidos quentes ou frios, e podem servir de prato principal, desde que acompanhado de um bom arroz ou de salada.

A receita original é com "chouriço", que em Portugal é um embutido defumado, como uma linguiça grossa e em forma de ferradura, feito com carne e gordura de porco e também com sangue e temperos, e cujo preparo varia de uma região para outra. Como no Brasil a palavra "chouriço" é usada para designar embutidos à base de sangue de porco, achamos melhor indicar simplesmente "linguiça defumada" para evitar confusão. (N. E.)

Massa de empada

500 g de farinha de trigo
3 gemas
1 colher de manteiga
2 colheres de sopa bem cheias de banha
1 colher de sopa de azeite de boa qualidade
1 cálice de vinho do Porto ou de conhaque
Sal

Amasse todos os ingredientes até que fiquem bem ligados. Em seguida, forre algumas forminhas com esta massa, coloque-as em uma assadeira e leve ao forno a 200 °C, deixando assar até ficarem douradinhas. Depois, recheie as empadas com peixe, marisco, carne, galinha ou até com uma compota doce, como sobremesa.

Empadas da minha mãe

Misture bem a farinha, a manteiga e três gemas, tempere com sal, estenda massa e forre com ela algumas forminhas. Em seguida, coloque o recheio escolhido, que pode ser de camarão, e cubra as forminhas com uma rodela da mesma massa. Pincele com uma gema de ovo batida e leve ao forno até dourar.

250 g de farinha de trigo
150 g de manteiga
4 gemas
Sal

Crepes com três recheios

125 g de farinha de trigo
2 ovos
200 ml de água
200 ml de leite
Creme com presunto picado, espinafre ao molho branco e creme de queijo
Sal
Pimenta-do-reino

Bata os ovos inteiros e, aos poucos, vá juntando a farinha e batendo sempre. Acrescente, também pouco a pouco, o leite e a água, sem parar de mexer. Tempere com sal e pimenta-do-reino e passe esta massinha por uma peneira. À parte, prepare um creme com presunto, outro com queijo e um pouco de espinafre ao molho branco bem espesso. Leve ao fogo uma frigideira untada com manteiga, aqueça bem e despeje uma colherada da massa suficiente para cobrir o fundo. Deixe fritar apenas de um lado e vá colocando os crepes sobre papel absorvente. Quando terminar, espalhe alternadamente sobre cada um os recheios intercalados. Sirva bem quente.

SUGESTÃO:

Pode alterar os recheios indicados ou, ainda, usar um recheio de carne ou peixe em cada crepe, enrolá-lo, passar por ovo e farinha de rosca e fritar em óleo bem quente.

Amêndoas torradas no forno ou no micro-ondas

Amêndoas sem pele

No forno tradicional: espalhe as amêndoas em uma assadeira e leve ao forno aquecido a 175 °C, retirando-as apenas quando estiverem douradas. *No micro-ondas*: disponha as amêndoas bem separadas em um prato (deixe um espaço vazio no centro, já que ali, precisamente, a incidência de ondas é menor), e, sem tampar, leve-as ao forno em potência média por três a quatro minutos. Aos dois minutos comece a controlar para que não queimem.

SUGESTÃO:

O mesmo procedimento pode ser adotado com nozes, pinhões ou avelãs, mas, no micro-ondas, o tempo deve ser ligeiramente maior.

Pataniscas de espaguete

200 g de espaguete
Água com sal

Para a massa:

100 g de farinha de trigo

2 colheres de sopa de manteiga derretida

1 ovo batido

150 ml de água morna

Queijo ralado

Sal

Pimenta-do-reino

Cozinhe o espaguete em bastante água fervente, temperada com sal, durante cerca de seis minutos. Escorra-o e pique-o grosseiramente. Em seguida, prepare a massa, misturando bem os ingredientes indicados. Deixe que descanse cerca de meia hora. Misture o espaguete nesta massa e frite às colheradas em óleo quente. Com a ajuda de uma colher e de um garfo dê uma forma arredondada aos bolinhos, retire-os, escorra-os sobre papel absorvente e sirva-os polvilhados com queijo ralado.

SUGESTÃO:

Pataniscas fazem parte da cozinha tradicional portuguesa e, com um pouco de imaginação, podem solucionar inúmeras refeições. As pataniscas mais típicas são de bacalhau, mas podem ser feitas com sobras de peixe, carnes, legumes e embutidos, o que representa uma enorme quantidade de opções.

Empanadinhos surpresa

Cozinhe o *fusilli* em bastante água fervente, temperada com sal, só até ficar *al dente*. Escorra-o e passe-o imediatamente por água fria corrente. Em seguida, escorra-o de novo, seque-o em papel absorvente e envolva-o em farinha de trigo. Retire o excesso e passe-o pelos ovos batidos e pela farinha de rosca, à qual se deve juntar previamente o queijo ralado. Em seguida, prepare o molho, misturando na maionese os ingredientes restantes. Frite os *fusilli* em óleo bem quente, escorra em papel absorvente e despeje em uma tigela grande. Sirva o molho à parte, em uma molheira.

2 xícaras de fusilli *grosso*
2 ovos batidos
2 colheres de sopa de queijo ralado grosso
Farinha de rosca
Farinha de trigo
Óleo para fritar
Sal

Para o molho:
1 xícara de maionese
1 xícara de creme de leite
3 colheres de sopa de ketchup
1 colher de sopa de cebolinha picada
1 colher de café de vinho do Porto ou brandy
Sal
Pimenta-do-reino

SUGESTÃO:

Substitua a maionese normal por metade da quantidade de maionese *light* e complete a quantidade ou com creme de leite de soja ou com metade do creme de leite e 1 iogurte desnatado. Para dar mais sabor, substitua a cebolinha por 1 colher de sopa de orégano seco ou pela mesma porção de manjericão fresco picado.

Saladinha de favas com coentro

1 kg de favas pequenas descascadas
1 chouriço
1 cebola
1 dente de alho
1 maço de coentro
Azeite
Vinagre
Sal
1 colher de chá bem cheia de açúcar

Cozinhe as favas em água fervente, temperada com sal e açúcar. Escorra bem e junte a cebola, o alho e coentro finamente picados. À parte, em uma frigideira, coloque uma colher de sopa de azeite, frite o chouriço cortado em rodelas. Regue as favas com um pouco da gordura da fritura do chouriço, um pouco de vinagre de boa qualidade e sirva-as rodeadas de chouriço.

A receita original é com morcela de arroz, um embutido à base de sangue de porco e arroz. Muito embora esse ingrediente possa ser encontrado aqui, talvez não com tanta facilidade, indicamos apenas "chouriço", por nos ser mais familiar e muito próximo do ingrediente original. (N. E.)

Endívias com nozes

5 endívias
50 g de queijo roquefort
50 g de nozes
50 ml de creme de leite
½ limão
1 colher de chá de brandy
50 ml de azeite
Sal
Pimenta-do-reino

Corte os talos das endívias e separe cuidadosamente as folhas. Lave-as muito bem, escorra-as e disponha-as em um prato grande redondo, formando uma flor. Triture as nozes grosseiramente e reserve. Amasse o queijo com um garfo, junte gotas de suco de limão, o creme de leite, uma pitadinha de sal e pimenta-do-reino, o *brandy* e misture bem para formar uma pasta fina. Regue com o azeite, sem deixar de mexer com a colher de pau, até ficar um molho leve. Regue as folhas das endívias com o molho, polvilhe com as nozes e leve à geladeira até ao momento de servir.

SUGESTÃO:

Pode substituir o queijo *roquefort* por queijo fresco magro, e o creme de leite por creme de leite de soja ou iogurte desnatado. O *brandy* pode ser substituído por um pouco mais de suco de limão.

Cogumelos salteados com coentro e alho

250 g de cogumelos frescos
2 dentes de alho
50 ml de azeite
150 g de bacon *cortado em cubinhos*
1 copo de cerveja
250 ml de creme de leite
1 maço de coentro
Sal
Pimenta-do-reino

Limpe muito bem os cogumelos e corte-os em quatro. Leve ao fogo uma frigideira grande e funda com os dentes de alho amassados, os cubinhos de *bacon* e o azeite. Deixe fritar o *bacon* e junte os cogumelos. Tempere com sal e pimenta-do-reino e deixe secar. Então, acrescente a cerveja e deixe ferver por alguns minutos, juntando o creme de leite em seguida. Quando tirar do fogo, polvilhe generosamente com coentro picado.

SUGESTÃO:

O *bacon* pode ser substituído por cubinhos de presunto (sem fritá-lo), e o creme de leite normal por creme de leite de soja, creme de leite *light* ou iogurte desnatado.

Aspargos ao forno com alecrim e limão

Estenda as fatias de *bacon* duas a duas, para servirem de laço. Corte os talos duros dos aspargos e coloque-os de seis em seis sobre as fatias de bacon. Junte o tomilho e coloque sobre cada porção um tomate amarelo e outro vermelho, abertos ao meio, mas sem que as partes se soltem. Comprima cada porção com a mão e "amarre" com as fatias de bacon. Coloque-as em uma travessa refratária, regue com um fio de azeite, tempere com sal e pimenta-do-reino e, por cima, coloque os limões cortados em pedaços. Leve ao forno por 20 minutos e, quando retirar, regue com o suco dos limões assados.

3 pacotes de aspargos verdes

2 embalagens de tomates de cocktail *amarelos e vermelhos*

1 embalagem grande de fatias de bacon bem finas

1 ramo de tomilho

2 limões

Azeite o quanto baste

Sal

Pimenta-do-reino

SUGESTÃO:

Pode substituir os laços feitos com *bacon* por folhas de alho-poró escaldadas.

Entrada deliciosa

1 pacote pequeno de aspargos verdes

2 colheres de sopa de azeite

1 embalagem de presunto cru bem fininho

4 ovos

Sal

Pimenta caiena a gosto

Corte os aspargos verdes em pedacinhos, salteie-os no azeite e tempere-os com uma pitada de sal. Forre forminhas refratárias com fatias de presunto, despeje nelas os aspargos salteados, e sobre eles ponha uma gema de ovo inteira. Por cima, coloque uma colherada generosa de claras em neve batidas com uma pitada de sal. Polvilhe com pimenta caiena a gosto e leve ao forno, previamente aquecido a 250 °C, por cerca de cinco minutos.

Tomates recheados com queijo de cabra

Corte a parte superior dos tomates, como uma tampa, e retire a polpa cuidadosamente. Tempere-os com sal e pimenta-do-reino e vire-os ao contrário sobre uma peneira. Cozinhe os ovos em água fervente durante dez minutos, passe-os por água fria, descasque-os e pique as gemas. Corte o queijo em cubinhos e pique os pimentões e misture-os às gemas picadas, adicionando o orégano e o azeite. Recheie os tomates com esta mistura, cubra-os com as tampas e guarde-os na geladeira até ao momento de servir.

4 tomates maduros mas firmes
2 ovos
2 pimentões vermelhos
150 g de queijo de cabra
1 colher de chá de orégano
2 colheres de sopa de azeite
Água a quanto baste
Sal
Pimenta-do-reino

SUGESTÃO:

Substitua o queijo de cabra por queijo fresco magro e sem sal. Também pode juntar aos tomates pimentões de várias cores, que podem ser miniaturas ou normais, cortados em metades.

Queijo camembert empanado e frito

2 queijos camembert
2 ovos inteiros
Farinha de rosca o quanto baste
Óleo para fritar
Pimenta-do-reino

Parta os queijos *camembert* em triângulos e tempere-os com um pouco de pimenta--do-reino moída na hora. Bata os ovos e passe os triângulos de queijo primeiro pelos ovos batidos e depois pela farinha de rosca, e frite-os em óleo bem quente até que dourem. Para acompanhar, sirva uma boa salada.

SUGESTÃO:

O queijo *camembert* pode ser substituído por queijo fresco magro, mas este deverá ser muito bem escorrido e passado duas vezes pelos ovos e pelo farinha de rosca. Outra excelente opção é substituí-lo por queijo de cabra cortado em rodelas grossas.

Crepes com queijo de cabra e abóbora

Em uma tigela, misture os ovos com a farinha, duas colheres de sopa de azeite e um pouco de água, até obter uma massa fluida. Tampe a tigela com um pano e deixe repousar cerca de 30 minutos. Corte a abóbora em pedacinhos, espalhe-os em uma assadeira e leve ao forno, previamente aquecido, durante 15 minutos. Coloque a abóbora no processador de alimentos, junte o queijo aos pedaços e triture. Tempere com sal, pimenta-do-reino e azeite. Frite os crepes em frigideira antiaderente, ligeiramente untada com azeite, recheie-os com a mistura de abóbora e queijo e coloque-os em uma assadeira, em uma camada só. Leve ao forno por cinco minutos e sirva com uma boa salada.

2 ovos grandes
150 g de farinha de trigo
1 fatia de abóbora limpa
150 g de queijo de cabra
Azeite
Sal
Pimenta-do-reino

Escargots da minha casa

1 kg de escargots
2 cebolas picadas
2 dentes de alho amassados
2 pimentas vermelhas
50 ml de azeite
1 tablete de caldo de galinha
1 maço de orégano fresco
Sal
Água

Lave os escargots o suficiente para que a água saia completamente limpa, escorra-os bem, tampe e reserve. Em uma panela grande e funda, coloque as cebolas, os dentes de alho, as pimentas vermelhas e o azeite. Deixe ferver até a cebola começar a murchar. Então, junte os escargots, cubra-os com água fria e deixe cozinhar cerca de meia hora em fogo muito brando. Passado este tempo, aumente o fogo, junte o maço de orégano, tempere com sal e junte o caldo de galinha. Deixe ferver mais dez a quinze minutos e junte um pouco mais de água, caso o molho tenha evaporado muito.

SUGESTÃO:

Se não colocar o caldo de galinha a receita fica mais *light* e não perde muito em sabor.

Maionese para acompanhar as entradas

1 ovo

1 colher de água fria

1 ou 2 colheres de suco de limão ou de vinagre de boa qualidade

½ colher de café de mostarda de Dijon

200 ml de azeite de boa qualidade

Sal

Pimenta-do-reino

Em um copo estreito e alto, despeje o ovo, o suco de limão ou o vinagre, a mostarda, a água, o sal e a pimenta-do-reino e o azeite. Introduza o *mixer* até ao fundo do copo, acione-o, e com ele ligado vá subindo devagar, para que a mistura comece a ser feita desde o fundo e não desande.

INDICAÇÃO:

Diz-se que a maionese desanda se os ovos não estiverem à mesma temperatura que o restante dos ingredientes, e não é certo. Os ovos devem estar sempre na geladeira, para garantir a sua frescura, e só devem ser retirados no momento de serem utilizados.

Alioli

1 ovo
1 ou 2 dentes de alho
200 ml de azeite
½ colher de mostarda de Dijon
Suco de limão ou de vinagre
1 colher de sopa de água fria
Sal
Pimenta-do-reino

Coloque todos os ingredientes citados em um copo estreito e alto, tendo o cuidado de picar muito bem os dentes de alho. Introduza o *mixer* e bata, subindo pouco a pouco, para que a mistura comece a ser feita de baixo para cima e não haja o perigo de desandar.

Orientação:

Se a maionese desandar, retire-a do copo, rapando bem o fundo e os lados com o pão-duro. No copo, sem lavar, despeje 1 ou 2 colheres de água quente, ligue o *mixer* e, pouco a pouco, vá juntando a mistura desandada. Não precisa colocar mais nenhum ovo.

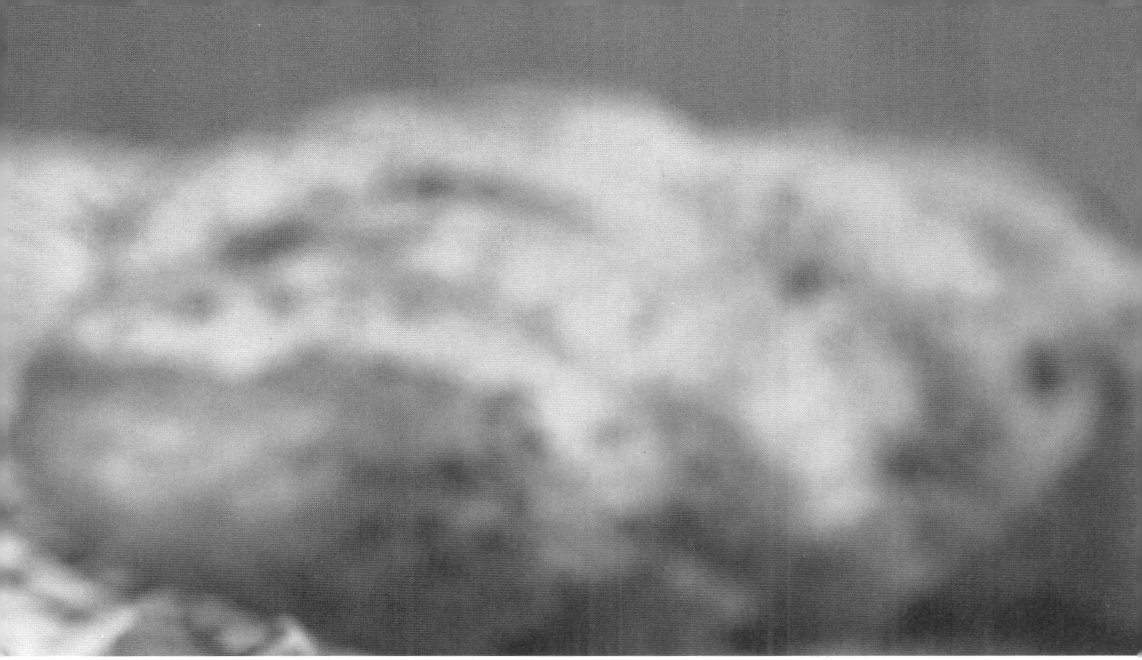

Ovos e omeletes

Ovos e omeletes

Quem não teve, pela menos uma vez, de preparar rapidamente uma entrada ou um prato para aumentar um almoço ou um jantar? Quantas vezes, de última hora, chega um amigo ou um parente a quem queremos agradar com um petisquinho especial? Na minha casa isso acontece sempre!

Os ovos, comidos com moderação, são um alimento excelente e, regra geral, do agrado de todos. Além disso, têm a vantagem de poder ser preparados de mil e uma maneiras diferentes, quase sempre com facilidade, rapidez e economia.

Entradas à base de ovos facilitam o prato seguinte, que pode ser mais leve e até mais simples que a própria entrada. Se seguir algumas das ideias que apresento a seguir, você não se arrependerá.

Ovos mexidos com tomate

2 tomates médios maduros ou 1 lata pequena de tomate pelado

6 ovos

2 dentes de alho amassados e picados

1 pitada de açúcar

Azeite o quanto baste

Sal

Pimenta-do-reino

Leve o alho para fritar na frigideira com o azeite, tempere com sal e junte o tomate pelado e picado. Tempere com o açúcar e deixe cozinhar até o tomate estar cozido. Então, junte os ovos batidos e temperados com um pouco de sal e pimenta-do-reino, e mexa até atingirem a consistência desejada. Sirva imediatamente.

Ovos mexidos com aspargos

Retire as partes mais duras dos aspargos, lave-os bem e corte-os em pedaços. Leve--os para cozinhar em água temperada com sal e escorra-os muito bem em uma peneira. Em uma frigideira, aqueça o azeite, junte os aspargos cortados, salteie--os um pouco para tomarem gosto e junte os ovos previamente batidos e temperados com sal e pimenta-do-reino. Mexa e sirva imediatamente.

1 maço de aspargos, de preferência fininhos
6 ovos
3 colheres de sopa de azeite
Água
Sal
Pimenta-do-reino

Ovos mexidos com cogumelos

250 g de funghi
250 g de cogumelos frescos
8 ovos
2 colheres de sopa de manteiga
1 cebola média
2 dentes de alho
Sal
Pimenta-do-reino

Faça um refogado na manteiga com a cebola e os dentes de alho picados. Lave bem os *funghi* e os cogumelos, cortando-os aos cubinhos. Junte-os ao refogado e deixe cozinhar até o líquido evaporar. Junte os ovos batidos com sal e pimenta-do-reino e vá mexendo até estarem no ponto desejado. Sirva imediatamente.

SUGESTÃO:

Pode polvilhá-los com salsinha ou coentro.

Ovos mexidos com farinheira

Abra a farinheira e pique-a grosseiramente. Em uma frigideira, coloque o azeite e leve a farinheira picada para fritar, mexendo para não queimar. Bata os ovos (cuidado com o sal porque as farinheiras são bem temperadas) e despeje-os na frigideira, mexendo até que fiquem no ponto desejado. Pique o coentro bem fininho e salpique sobre os ovos. Sirva imediatamente.

1 farinheira grande
6 ovos
1 maço pequeno de coentro
Azeite

SUGESTÃO:

Pode juntar cubos pequenos de pão fritos em azeite ou óleo.

Farinheira é um embutido típico de Portugal; é como uma linguiça defumada, mas feita com uma massa à base de farinha, pimentão, colorau e vinho, e, algumas vezes, também com gordura de porco. Não encontramos ingrediente correspondente no Brasil, mas optamos por manter a receita. (N. E.)

Ovos estrelados à portuguesa

8 ovos
4 colheres de chá de manteiga
8 colheres de sopa de ervilhas cozidas ou guisadas
4 rodelas finas de linguiça defumada
4 colheres de sopa de molho de tomate
Pimenta-do-reino
4 pitadas de orégano seco
Sal

Para preparar esta receita você precisará de quatro cumbucas ou tigelinhas de barro que possam ir direto ao fogo. Em cada uma, coloque uma colher de chá de manteiga, duas colheres de sopa de ervilhas, uma rodela de linguiça e uma colher de sopa de molho de tomate. Leve ao fogo e, quando estiver fervendo, acrescente dois ovos em cada vasilha e deixe cozinhar. Tempere com um pouco de pimenta-do-reino e sal e polvilhe orégano.

SUGESTÃO:

A manteiga pode ser substituída pela mesma medida de azeite, e a linguiça defumada, pela de frango.

Ovos estrelados com queijo da Serra

Corte as fatias do queijo com cerca de meio centímetro de espessura. Nesta receita também serão necessárias quatro tigelinhas de barro. Em cada uma, coloque duas colheres de sobremesa de manteira e leve ao fogo para derreter. Em seguida, coloque duas fatias de queijo e vire-as de um lado e do outro até que comecem a amolecer. Então, acrescente dois ovos inteiros e, assim que as claras começarem a endurecer, leve as vasilhas ao forno e deixe até que as gemas comecem a ficar esbranquiçadas e as claras, mais firmes. Polvilhe a gema com pimenta-do-reino e a clara com sal e sirva imediatamente.

8 ovos
8 fatias de queijo da Serra curado (duro)
8 colheres de sobremesa de manteiga
Sal
Pimenta-do-reino

Sugestão:

Para reduzir a gordura da receita, substitua o queijo da Serra por outro mais magro ou elimine o queijo e use apenas 1 colher de creme de leite de soja.

Queijo da Serra, ou queijo Serra da Estrela, é produzido na região de Portugal que tem esse nome. Trata-se de um queijo curado, de pasta semimole, amanteigada, feito de leite de ovelha. É muito saboroso. (N. E.)

Ovos fritos

4 ovos
250 ml de azeite
Sal
Pimenta-do-reino

Em uma frigideira pequena, funda e pesada coloque o azeite (o suficiente para encher pelo menos metade da frigideira) e leve ao fogo até esquentar bem. Então, coloque os ovos um a um, já previamente quebrados em um prato. Com a ajuda de uma escumadeira ou colher, vá envolvendo a gema na clara com muito cuidado e em fogo brando. Assim que as claras começarem a dourar, retire os ovos com cuidado, coloque-os para escorrer sobre um pano limpo e polvilhe-os com sal e pimenta-do-reino.

Sugestão:

Estes ovos devem ser feitos rapidamente, para a gema ficar crua e bem envolvida na clara. Podem ser servidos com batatas fritas e são excelentes cobertos com molhos diferentes, como o molho branco, por exemplo.

Ovos quentes

Quando a água estiver fervendo, tempere--a com sal e coloque os ovos com casca, deixando por apenas dois minutos. Em seguida, escorra-os e coloque-os imediatamente em recipientes próprios e sirva na hora.

4 ovos muito frescos
1 litro de água
20 g de sal

Sugestão:

Estes ovos, especialmente comidos no café da manhã, podem ser acompanhados de fatias de pão e temperados com sal e pimenta--do-reino.

Ovos cozidos de pimentada

6 ovos cozidos
1 pimentão vermelho grande
1 pimentão verde grande
2 cebolas grandes
2 dentes de alho
100 ml de azeite
2 colheres de sopa de polpa de tomate
1 copo de vinho branco
2 pimentas vermelhas
1 maço de coentro
1 folha de louro
1 ramo de tomilho
Sal

Cozinhe os ovos por oito minutos, escorra-os e passe-os por água corrente. Em seguida, descasque-os e conserve-os em água fria. Em uma frigideira larga, que possa ir à mesa, coloque as cebolas cortadas em gomos médios, o alho amassado com a pele, as pimentas vermelhas, o azeite, os pimentões cortados em tiras de dois dedos de largura e depois em quatro, a folha de louro, o ramo de tomilho e parte do coentro picado. Quando os legumes começarem a amolecer, junte o vinho branco, a polpa de tomate e tempere com sal. Quando estiver pronto, introduza os ovos cozidos, partidos ao meio no sentido do comprimento, e deixe ferver por apenas um minuto.

SUGESTÃO:

Este mesmo prato pode ser feito sem os ovos, como entrada ou acompanhamento.

Ovos cozidos com molho de limão

Cozinhe os ovos por dez minutos, escorra-os, passe-os em água corrente, descasque-os e deixe-os esfriar completamente. Pique o pimentão em pedaços pequenos, fatie os pepininhos, pique o cheiro-verde e reserve. Prepare o molho, que deve ficar bem espesso, como se fosse fazer maionese: junte ao ovo o azeite em fio, o suco do limão e por último o creme de leite. Depois, em um prato de servir, disponha os ovos, cubra-os com o molho, e decore com os legumes reservados. Guarde na geladeira até o momento de servir.

6 ovos
1 pimentão vermelho
2 pepininhos em conserva
1 colher de sopa de alcaparras
Cheiro-verde picado

Para o molho:

1 ovo
100 ml de azeite
1 limão
100 ml de creme de leite
Sal

Sugestão:

Prepare este prato com maionese *light* e creme de leite de soja.

Ovos cozidos recheados com camarão

8 ovos cozidos
1 colher de chá de salsinha picada
20 g de manteiga
300 ml de molho branco espesso e quente
150 g de camarão cozido sem casca
2 ovos batidos
Suco de meio limão
Farinha de trigo o quanto baste
Sal
Pimenta-do-reino

Parta os ovos ao meio, no sentido do comprimento, e retire as gemas cuidadosamente. Passe as gemas por uma peneira fina e junte-lhes a salsinha picada, a manteiga, o molho branco e o camarão. Tempere com sal, pimenta-do-reino e algumas gotas de suco de limão. Encha as metades dos ovos com este recheio e passe-as pela farinha, depois pelos ovos batidos, e frite levemente em óleo preaquecido.

SUGESTÃO:

Estes ovos podem ser feitos apenas com salsinha picada misturada às gemas amassadas com 20 g de manteiga magra e 2 colheres de sopa de creme de leite de soja ou de iogurte desnatado. Se acompanhados de uma bela salada fresca, são uma refeição leve.

Ovos escaldados com molho de pimentão

Prepare o molho picando finamente o pimentão, que deve estar bem limpo, sem pele, filamentos e sementes, e levando-o ao fogo brando com o molho de tomate e o creme de leite. Misture bem para ficar um molho liso, mas grosso, e deixe cozinhar. Depois de pronto, tire do fogo e passe por uma peneira fina. Cozinhe os ovos, coloque-os no fundo de um prato, cubra-os com o molho e polvilhe-os com o coentro picado.

8 ovos

1 pimentão vermelho assado e limpo

4 colheres de sopa de molho de tomate

200 ml de creme de leite

1 maço pequeno de coentro picado

Sal

Pimenta-do-reino

SUGESTÃO:

Substitua o creme de leite comum pelo de soja ou por iogurte desnatado.

Ovos gratinados com espinafre

8 ovos
1 maço de espinafre refogado em manteiga
1 embalagem de queijo ralado
50 ml de molho branco
200 ml de creme de leite
Noz-moscada
Manteiga
Sal
Pimenta-do-reino

Unte bem uma forma refratária com manteiga e forre-o com o espinafre refogado, temperado com sal e pimenta-do-reino. Por cima, coloque os ovos partidos, cubra-os com o molho branco misturado com o creme de leite, polvilhe com um pouco de noz-moscada e cubra generosamente com o queijo ralado. Coloque pedacinhos de manteiga por cima do queijo e leve ao forno, previamente aquecido a 250 °C, cerca de dez minutos ou até gratinar.

Sugestão:

Esta receita pode ser preparada sem os ovos, que podem ser substituídos por aspargos, alcachofras, presunto ou salsichas e o molho branco, preparado com leite desnatado. O creme de leite pode ser substituído por creme de leite de soja.

Ovos gratinados com presunto

Descongele a massa, estenda-a e forre o fundo de uma forma refratária. Por cima, disponha as batatas cozidas e o presunto cortado em cubos pequenos. Bata as gemas e, à parte, as claras em neve. Despeje nas gemas uma porção de salsinha picada, sal e pimenta-do-reino e polvilhe com parte do queijo ralado. Adicione as claras e despeje esta mistura sobre as batatas e o presunto. Polvilhe com o restante queijo ralado e leve ao forno, previamente aquecido a 250 ºC, cerca de 20 minutos ou até gratinar.

8 ovos

1 pacote de massa folhada (pode ser congelada)

2 batatas grandes cozidas

400 g de presunto fatiado grosso

1 maço de salsinha

1 pacote de queijo gruyère *ralado grosso*

Sal

Pimenta-do-reino

SUGESTÃO:

As batatas podem ser substituídas por espinafre ou outro legume e o queijo *gruyère*, por um queijo magro.

Ovos à moda do Algarve

8 ovos
250 g de toucinho
½ linguiça defumada
4 fatias muito finas de presunto
1 kg de tomate maduro
2 cebolas grandes picadas
8 palitos de pão (fritos em óleo)
1 dente de alho
1 colher de chá de açúcar
Orégano seco
Azeite
Sal
Pimenta-do-reino

Corte o toucinho e a linguiça em tiri-nhas muito finas e frite em uma frigideira larga com um fio de azeite. Retire com uma escumadeira e despeje as cebolas e o alho muito bem picados, o tomate cortado sem pele e deixe cozinhar até o tomate se desfazer. Se necessário, coloque um pouquinho de água, mas o molho deve ficar grosso. Tempere com sal, pimenta-do-reino e açúcar, polvilhe com um pouco de orégano seco e, então, vá abrindo espaços com uma colher e coloque neles os ovos inteiros. Deixe cozinhar até as claras estarem cozidas. Em seguida, decore com o toucinho e a linguiça, com tirinhas de presunto e os palitos de pão frito. Estes ovos devem ser servidos na frigideira em que foram feitos.

SUGESTÃO:

Prepare estes ovos em um bom molho de tomate feito com azeite em vez da gordura da fritura e dispense o pão.

Ovos à chilindrão

Pique o presunto, corte o toucinho em lâminas finas e a linguiça em rodelas. Corte a cebola em meias-luas grossas, os pimentões em tiras finas (sem pele) e pique os tomates. Aqueça bastante azeite em uma frigideira grande e frite o presunto, o toucinho e a linguiça; depois, tire da frigideira e reserve. Na mesma frigideira, coloque a cebola, os pimentões e o alho picado e, em fogo brando, refogue com o recipiente tampado até ficar macio. Adicione os tomates e deixe cozinhar mais dez minutos. Então, acrescente o presunto, o toucinho e a linguiça, um de cada vez, e os ovos previamente cozidos durante dez minutos e cortados ao meio. Deixe ferver dois minutos e sirva bem quente.

8 ovos
50 g de presunto
100 g de toucinho
Rodelas de linguiça defumada
1 pimentão vermelho
1 pimentão verde
1 cebola
2 tomates maduros
1 dente de alho
Azeite
Sal

SUGESTÃO:

Tirando o toucinho, o presunto e a linguiça a receita fica bem leve.

Tortilha de batata e cebola

8 ovos
2 batatas grandes cortadas em rodelas finas
2 cebolas grandes cortadas em meias-luas finas
1 dente de alho amassado
Azeite
Sal
Pimenta-do-reino

Em uma frigideira média, despeje azeite suficiente para fritar as cebolas e as batatas. Deixe aquecer, frite as cebolas e o alho e retire-os. Depois, frite as batatas (no processo de fritura, cuidado para não escurecer as cebolas nem fritar demais as batatas), escorra-as e tire o excesso de azeite da frigideira, deixando apenas um fio no fundo. À parte, bata os ovos, tempere-os com sal e pimenta-do-reino, junte as batatas e as cebolas já fritas e despeje esta mistura na frigideira. Deixe que os ovos endureçam completamente de um lado e, então, vire a tortilha em um prato liso e volte a colocá-la na frigideira para fritar do outro lado.

Sugestão:

Estas tortilhas, além de serem uma solução fácil e econômica, são versáteis, pois podem ser preparadas com inúmeras sobras de legumes, carnes, embutidos, peixes e frutos do mar. Também podem ser preparadas com ovos caipiras, só com legumes e fritas em frigideiras antiaderentes.

Tortilha de aspargos

Escalde os aspargos e corte-os em pedaços. Bata os ovos, misture os aspargos, tempere com sal e pimenta-do-reino e despeje na frigideira, já aquecida com o azeite. Deixe dourar de um lado. Então, vire a tortilha em um prato e coloque-a de novo na frigideira para dourar do outro lado.

1 molho de aspargos verdes e finos
8 ovos
1 colher de sopa de azeite
Sal
Pimenta-do-reino

SUGESTÃO:

Experimente preparar, por exemplo, uma tortilha de aspargos, outra de fundos de alcachofra e outra de pimentão, colocá-las umas sobre as outras e servi-las acompanhadas de fatias muito finas de presunto.

Tortilha de camarão

8 ovos
200 g de camarão graúdo cozido e sem casca
40 g de manteiga
1 ramo de salsinha
Azeitonas para decorar
Sal
Pimenta-do-reino

Pique os camarões grosseiramente e despeje-os em uma tigela juntamente com os ovos batidos, temperados com sal e pimenta-do-reino. Junte também a salsinha muito bem picada. Coloque a manteiga em uma frigideira e leve ao fogo. Quando estiver derretida, despeje os ovos e deixe cozinhar bem. Então, com a ajuda de uma espátula, dobre a tortilha e deixe cozinhar até os ovos estarem no ponto. Coloque-a em um prato, decore com as azeitonas e sirva imediatamente.

Sopas

Sopas

As principais refeições deveriam sempre começar por uma boa sopa, especialmente de legumes, como preparação do estômago para os pratos que vêm a seguir e também para reduzir o apetite e evitar que se coma demasiado.

Em uma época em que todos os dias se ouve falar do número crescente de crianças obesas, situação que anos atrás não existia, é preciso refletir seriamente nas razões de tão grave problema, tanto para as crianças como para as famílias.

Portugal tem uma enorme vantagem sobre muitos países; podemos nos gabar de ter inúmeras sopas deliciosas e saudáveis, sobretudo as de legumes, que dariam certamente um livro bem interessante.

Então, mãos à obra e vamos ensinar nossos filhos a comer e a gostar deste prato, que, dadas as muitas combinações de legumes, leguminosas, peixes, carnes e aves, pode fazer parte de uma dieta fantástica todos os dias.

Creme de camarão

500 g de camarões médios
2 cebolas
1 abobrinha
2 tomates maduros
2 dentes de alho
1 folha de louro
1 maço de coentro
1 ramo de hortelã
4 colheres de sopa de azeite
2 colheres de sopa de amido de milho
50 ml de água
2 colheres de sopa de manteiga
1 embalagem de creme de leite fresco, de preferência light
1 colher de brandy
Sal
Pimenta-do-reino

Lave e descasque os camarões crus. Coloque as cascas e as cabeças em uma panelinha funda, junte a manteiga, regue com um pouco de água e leve ao fogo para ferver, e vá esmagando tudo com um pilão para retirar todo o suco dos camarões e obter um caldo saboroso. Em seguida, retire do fogo, passe pelo espremedor de legumes e reserve. Em outra panela, coloque a cebola, os dentes de alho, a abobrinha e os tomates – tudo bem picado –, metade do maço de coentro inteiro, para que possa ser retirado depois, a folha de louro, um galhinho de hortelã e o azeite. Deixe refogar até a cebola, os dentes de alho e a abobrinha estarem macios. Então, junte o caldo reservado e o amido de milho diluído na água e no *brandy* e deixe ferver por mais alguns minutos para engrossar. Corrija o sal e bata bem o caldo com o *mixer* até ficar um creme macio. Leve novamente ao fogo, introduza os camarões e deixe ferver apenas o tempo de os camarões começarem a tomar cor. Retire do fogo, junte o creme de leite e mexa bem. No momento de servir, polvilhe generosamente coentro e hortelã picados.

Sugestão:

Pode substituir o amido de milho e o *brandy* por uma embalagem de sopa de cebola, e o creme de leite comum pelo de leite de soja, já que a sopa de cebola ajuda a engrossar o caldo.

Sopa de marisco

Abra os mariscos, coe-os e reserve a água depois de passada por um pano. No fundo de uma panela grande, coloque a cebola cortada em meias-luas, os dentes de alho amassados, as pimentas vermelhas, os pimentões cortados em tiras, o tomate cortado em pedaços, o azeite e o louro e deixe cozinhar até os legumes ficarem macios e quase desfeitos. Junte a água do cozimento dos mariscos e mais um pouco de água para completar a sopa, acrescente o vinho do Porto e tempere com sal. Despeje a sopa no copo de *mixer* e bata até obter um creme liso e fino. Introduza os mariscos sem as cascas e o coentro grosseiramente picado. Sirva bem quente.

1 kg de mariscos frescos
1 pimentão vermelho
1 pimentão verde
1 cebola grande
1 tomate grande maduro
2 dentes de alho
1 cálice de vinho do Porto branco
2 pimentas vermelhas
1 folha de louro
1 maço de coentro
3 colheres de sopa de azeite
Água
Sal

SUGESTÃO:

Para que a sopa fique mais leve, não coloque pimentas vermelhas nem vinho do Porto.

Creme de marisco

2 kg de mariscos frescos
2 cebolas grandes
2 dentes de alho picados
2 pimentas vermelhas
1 pimentão vermelho grande
4 tomates maduros
4 colheres de sopa de azeite
1 folha de louro
1½ litro de água fervente
1 cálice de xerez
1 maço de coentro
1 ramo de hortelã
200 ml de creme de leite fresco
Alguns fios de açafrão
Sal
Pimenta-do-reino

Lave muito bem os mariscos e deixe escorrer. Em uma panela grande e funda despeje as cebolas picadas, os dentes de alho, as pimentas vermelhas partidas, o pimentão e os tomates cortados em pedacinhos, o azeite, a folha de louro e um punhadinho de coentro. Leve a panela ao fogo e deixe cozinhar por alguns minutos. Junte os mariscos, regue com um pouco de água e deixe que se abram completamente. Retire-os da panela, solte-os das cascas e reserve. Leve novamente a panela ao fogo e deixe ferver até os legumes estarem quase desfeitos. Então, bata-os com o *mixer* até que formem um creme macio (se necessário, passe pela peneira) e leve ao fogo outra vez. Quando este creme voltar a ferver, junte-lhe a água necessária para a sopa e introduza o xerez e os fios de açafrão, deixando cozinhar por mais uns minutos. Em seguida, coloque os mariscos previamente descascados e corrija o tempero. Por fim, adicione o creme de leite, o coentro e a hortelã picados.

Sugestão:

A receita se mantém apetitosa sem o xerez e o creme de leite, mas pode ficar ainda melhor se servida com fatias de pão frito.

Sopa de vôngole

Lave muito bem os vôngoles, coloque em uma vasilha funda e cubra-os de água com um punhado de sal para sair toda a areia. Em uma panela, coloque os dentes de alho, o azeite, o vinho branco, o louro e metade do maço de coentro. Quando este preparado começar a ferver, despeje os vôngoles escorridos e deixe que se abram. Então, retire as conchas e engrosse o molho com a manteiga e o amido de milho diluído em um pouco de creme de leite. Deixe incorporar bem, junte o creme de leite restante e ferva apenas mais um minuto. Disponha as fatias de pão frito (em manteiga) no fundo de uma terrina, junte os vôngoles (sem as cascas), passe o caldo por uma peneira e despeje-o na terrina. Polvilhe generosamente com o restante do coentro picado, abafe e sirva.

1 kg de vôngole
2 dentes de alho amassados
1 folha de louro
100 ml de vinho branco
2 colheres de sopa de azeite
1 colher de sopa de amido de milho
1 maço de coentro
2 colheres de sopa de creme de leite
1 colher de sopa de manteiga
Fatias finas de pão frito

SUGESTÃO:

Substitua o creme de leite comum por creme de leite *light* ou iogurte desnatado para diluir o amido de milho. Assim a única gordura utilizada é o azeite.

Sopa de conquilhas

1 kg de conquilhas
4 gemas
50 ml de azeite
1 copo de vinho branco ou de cerveja
1 limão
1 maço de coentro
4 dentes de alho bem picados
Fatias de pão integral
Sal
Pimenta-do-reino

Leve ao fogo uma panela com os dentes de alho, o azeite, metade do maço de coentro picado e as conquilhas. Quando começar a ferver e as conquilhas a abrir, regue-as com o vinho, tempere com pimenta-do-reino e deixe que se abram completamente. Com uma escumadeira, tire as conquilhas da panela e separe os miolos das cascas. Forre o fundo da terrina com as fatias de pão, por cima despeje o miolo das conquilhas e polvilhe generosamente com o coentro picado restante. Passe o caldo por uma peneira bem fina, leve-o novamente ao fogo e quando abrir fervura junte as gemas dos ovos misturadas com o suco do limão. Misture bem, para os ovos não formarem fios e, quando estiver fervendo, despeje o caldo na terrina, abafe e sirva bem quente.

SUGESTÃO:

As gemas podem ser substituídas por creme de leite de soja ou creme de leite *light*.

Creme de tomate com beldroega

Lave, pele e pique os tomates grosseiramente, juntamente com as cebolas e os dentes de alho. Leve os legumes ao fogo com o azeite e deixe cozinhar até o tomate se desfazer e a cebola estar cozida. Passe tudo no espremedor de legumes, leve novamente ao fogo e adicione o sal, o açúcar e as folhinhas des beldroega, depois de muito bem lavadas. Tempere com orégano e deixe ferver alguns minutos. O creme deverá ficar espesso, mas, se estiver demasiado grosso, adicione um pouco de água. Em seguida, frite as tirinhas de toucinho até secarem e cozinhe os ovos (sem casca) em água temperada com sal e com um fio de vinagre. Para servir, coloque em cada prato uma fatia de pão frito, duas tirinhas de toucinho, o caldo com a beldroega e, por cima, o ovo cozido.

250 g de toucinho gordo, cortado em tirinhas e frito até secar
1 kg de tomates maduros
1 maço de beldroega
2 cebolas grandes
2 dentes de alho
50 ml de azeite
1 colher de sobremesa de açúcar
1 colher de sopa de orégano seco
4 ovos
4 fatias de pão frito
Água
Vinagre
Sal

Indicação:

Esta sopa típica do Baixo Alentejo deve ser feita com todos estes ingredientes. Se não puder usar o açúcar, tudo bem, mas coloque ao menos uma pitada para cortar a acidez do tomate. O tomate pode ser substituído por abóbora ou cenouras, não sendo, neste caso, necessário o açúcar.

Sopa de raia especial

4 postas grandes de raia
1 maço de coentro
100 ml de azeite
4 colheres de sopa de farinha de trigo
4 colheres de sopa de vinagre de vinho branco
4 dentes de alho finamente picados
1½ litro de água
Sal
Fatias de pão

Lave muito bem as postas de raia, retire a pele escura, tempere com um pouco de sal grosso e reserve. Soque no pilão os dentes de alho com coentro e um pouco de sal, e, depois de bem amassados, junte o azeite, misture bem e despeje em uma panela grande e funda. Leve ao fogo e, quando começar a ferver, adicione a farinha diluída no vinagre. Despeje água suficiente para a sopa e deixe ferver. Então, junte a raia, lavada e deixada escorrer por dez minutos para tirar o sal grosso. Em seguida, coloque em uma terrina o pão cortado em cubos grandes. Prove a sopa, corrija o tempero (esta sopa deve ser ligeiramente avinagrada), coloque as postas de raia em uma travessa e, com o caldo, regue o pão. Sirva a sopa com a raia à parte, em uma travessa aquecida.

Indicação:

A raia é um peixe branco e magro, delicioso, que para a preparação desta sopa só tem o inconveniente de precisar retirar a pele escura. Serve como refeição completa. É a primeira vez que dou esta receita, que nunca comi em nenhum outro lugar e que me foi ensinada pela minha sogra.

Sopa seca de sobras de cozido

Pique grosseiramente as sobras de cozido e reserve. Em uma panela funda, leve ao fogo o caldo que tiver sobrado do cozido (se não for suficiente, adicione água), junte um ou dois tabletes de caldo de carne e deixe ferver. Cubra o fundo de uma terrina com o pão cortado em fatias finas, espalhe por cima as sobras de cozido picadas, acrescente algumas folhinhas de hortelã e regue com o caldo fervente. Tampe por alguns minutos e sirva bem quente.

Sobras de cozido: carnes, linguiça, legumes, caldo etc.

1 pão português

1 ou 2 tabletes de caldo de carne

Hortelã

Sugestão:

Para deixar a sopa mais leve, evite as sobras de linguiça.

Canja rica de galinha caipira

1 galinha caipira com ovos
1 cebola
1 dente de alho
1 cenoura
½ xícara de arroz ou de macarrãozinho de sopa
1 limão
Hortelã
2 litros de água
Sal

Limpe bem a galinha, retire os ovos de seu interior, coloque-os em uma xícara e cubra com água fria. Despeje a galinha em uma panela funda, juntamente com a cebola, o dente de alho e a cenoura descascada e cortada em tiras grossas. Cubra com água fria e deixe ferver. Retire com uma escumadeira a espuma que começar a se formar, tempere com sal e deixe cozinhar até a galinha ficar macia e a carne começar a se soltar dos ossos. Então, coloque a galinha em uma tigela, passe o caldo pelo coador chinês (peneira metálica em forma de cone) e leve-o novamente ao fogo. Quando começar a ferver, despeje o arroz ou a massa e cozinhe (cerca de 28 minutos para arroz e de oito a dez minutos para a massa). Em seguida, junte a galinha desfiada (sem peles nem ossos), os miúdos cortados em pedacinhos e os ovos e deixe cozinhar por mais alguns minutos. Regue com o suco do limão e coloque, em cada prato, uma folhinha de hortelã.

Orientação:

Quem não puder comer gordura pode retirar uma parte do caldo antes de colocar o arroz ou a massa e colocar na geladeira para que a gordura se solidifique e, então, possa ser retirada. Feito isso, volte o caldo à panela e prossiga com a preparação da sopa.

Sopa de panela de perdiz ou codorna

Corte a perdiz ou as codornas em quatro, lave muito bem e leve para cozinhar em uma panela com água, juntamente com a linguiça e o toucinho. Tempere com sal. Deixe cozinhar bem e retire as carnes da panela. Na água do cozimento, acrescente as batatas cortadas em quatro e, quando estiverem cozidas, junte novamente as carnes, a linguiça, o toucinho e um bom punhado de hortelã. Em uma sopeira ou em pratos individuais, coloque o pão cortado em fatias finas, a linguiça e o toucinho cortado em tiras finas e regue com o caldo bem quente. Sirva a perdiz ou as codornas à parte.

1 perdiz ou 3 codornas
1 linguiça defumada
1 tira de toucinho
3 batatas
1 pão caseiro amanhecido
1 punhado de hortelã
Água
Sal

Sopa rica de feijão de debulhar

1 kg de feijão de debulhar
200 g de toucinho
500 g de vagem
1 tira de abóbora
2 cenouras
1 nabo
2 batatas
1 linguiça defumada
1 farinheira
1 fio de azeite
1 maço de coentro
Hortelã
Sal

Leve ao fogo, em uma panela funda, o feijão, o toucinho cortado em tiras, a linguiça picada, a abóbora, as cenouras e o nabo cortados em cubinhos, as batatas cortadas em quatro, o maço de coentro, um galhinho de hortelã e a vagem sem o fio e partida à mão. Cubra tudo com água, regue com o fio de azeite, tempere com sal e leve para ferver até o feijão se desmanchar. Em seguida, em uma panelinha à parte, cozinhe a farinheira. No momento de servir, corte a farinheira em rodelas e sirva separado.

SUGESTÃO:

Esta sopa é mais apropriada para o inverno e pode substituir uma refeição completa se enriquecida com um pouco de carne.

Sopa de favas com azeite e coentro

Faz-se um refogado com o azeite, a cebola e os dentes de alho bem picados. Quando a cebola começar a dourar, acrescente o coentro e a hortelã e deixe cozinhar um pouco. Em seguida, acrescente as favas e deixe cozinhar mais um pouco. Então, coloque água o quanto baste para cobrir as favas e tempere com sal e a colher de açúcar. Cozinhe até as favas ficarem macias e despeje em uma terrina, onde já devem ter sido colocadas fatias de pão cortadas finamente, coentro e hortelã.

1 kg de favas descascadas
50 ml de azeite
1 maço de coentro
1 cebola
2 dentes de alho
1 colher de açúcar
Pão caseiro
Hortelã
Sal

O meu gaspacho

2 kg de tomates maduros
1 cebola pequena
1 dente de alho
1 fatia grossa de pimentão
1 rodela de pepino
100 ml de azeite
50 ml de vinagre de vinho
Sal grosso

Para acompanhar:
Tomate
Pimentão
Pepino
Pão frito

Corte os tomates, o pimentão, a cebola e o alho em pedacinhos e despeje tudo em uma tigela grande. Tempere com sal grosso, azeite e vinagre e desfaça tudo no processador. Em seguida, passe por uma peneira fina, corrija o sal e o vinagre, se necessário, junte algumas pedras de gelo e guarde na geladeira. À parte, corte em cubinhos tomate, pimentão, pepino e pão (o pão deve ser frito em óleo bem quente).

SUGESTÃO:

Quem não quiser comer fritura pode levar os cubinhos de pão ao forno.

Gaspacho branco

4 embalagens de iogurte natural
½ pepino
100 g de nozes
2 colheres de sopa de azeite
1 colher de sopa de vinagre de vinho branco
Cebolinha picado
Sal
Pimenta-do-reino

Em uma taça de servir, despeje o iogurte e bata o suficiente para ficar líquido. Adicione o pepino descascado e finamente picado, as nozes bem trituradas no processador, o azeite, o vinagre, a cebolinha picada, o sal e a pimenta-do-reino. Acrescente pedras de gelo, bata tudo novamente e leve à geladeira até o momento de servir. Enfeite a gosto.

SUGESTÃO:

Substitua o iogurte natural por iogurte desnatado e as nozes por cubos de pão com ervas.

Vichyssoise

4 talos de alho-poró
1 cebola
1 litro de caldo de galinha
½ litro de leite
2 colheres de sopa de manteiga
5 batatas
300 ml de creme de leite
6 fatias muito finas de bacon
Cebolinha ou hortelã
Sal
Pimenta-do-reino moída na hora

Pique finamente a parte branca do alho-poró juntamente com a cebola e leve para refogar com a manteiga, sem deixar escurecer. Corte as batatas em rodelas muito finas, junte-as ao alho-poró e regue com o caldo de galinha. Quando estiver fervendo, junte o leite e deixe cozinhar até o alho-poró e as batatas estarem bem cozidos. Bata com o *mixer*, tempere com sal e pimenta-do-reino e junte o creme de leite. Em seguida, frite as fatias de bacon até ficarem bem secas e triture-as, e pique finamente a cebolinha ou a hortelã. Guarde a sopa na geladeira por algumas horas, e decore com o *bacon* e o temperinho escolhido na hora de servir.

Sugestão:

Esta sopa deliciosa pode, em caso de necessidade, ser preparada com as seguintes substituições: azeite em vez de creme de leite, e iogurte desnatado em vez de leite. Ou, se preferir, substitua apenas o creme de leite comum pelo de soja ou *light*.

Creme de couve-flor

Lave muito bem a couve-flor, corte-a em raminhos e cubra-a com água fria à qual se colocou um fio de vinagre. Em seguida, despeje a cebola picada em uma panela funda, junte a manteiga e leve a fogo brando para cozinhar até a cebola ficar macia e transparente. Escorra a couve-flor, despeje-a na panela e cubra-a com o leite. Deixe cozinhar, tempere com sal e, quando estiver cozida, bata a sopa com o *mixer* até ficar um creme liso e macio. Tempere com um pouco de pimenta-do-reino e uma pitada de noz-moscada. Deixe ferver mais alguns minutos e, quando servir, coloque uma folhinha de hortelã em cada prato.

1 couve-flor
1 cebola picada
50 g de manteiga ou margarina
1 litro de leite tipo B
Noz-moscada
Hortelã
Vinagre
Sal
Pimenta-do-reino moída na hora

Sugestão:

A couve-flor pode ser substituída por aspargos, ervilhas, favas, tomate, espinafres etc. Nesse caso, substitua a manteiga por azeite e a noz-moscada por 1 colher de chá de açúcar, para retirar o ácido das ervilhas, das favas e do tomate. O leite também pode ser substituído por leite desnatado, e pode-se acrescentar creme de leite de soja.

Sopa seca de queijo

2 cebolas grandes picadas
1 dente de alho
100 g de manteiga ou margarina
400 g de queijo da Ilha cortado em fatias muito finas
1 baguete grande cortada em fatias muito finas
1½ litro de caldo de carne fervente
Raminhos de hortelã

Leve ao fogo, em uma panela funda, a manteiga, as cebolas e o alho bem picados, até a cebola estar cozida, macia e transparente, mas não deixe dourar. Junte o caldo de carne fervente à cebola e mantenha fervendo em fogo brando. Em seguida, cubra o fundo de uma forma refratária com fatias de pão, por cima disponha muitas fatias de queijo, regue com um pouco de caldo, coloque folhinhas de hortelã e cubra com mais fatias de pão, e novamente de queijo, alternando os ingredientes até encher a forma. Regue generosamente com o restante caldo e leve ao forno, previamente aquecido a 250 °C, até a superfície começar a dourar e o queijo ficar derretido.

SUGESTÃO:

Quem não puder comer queijo picante pode substituir por outro mais adequado.

O queijo da Ilha é um produto tradicional, produzido na Ilha de São Jorge, em Açores. Trata-se de um queijo curado de sabor picante, de consistência firme e massa amarelada, dura ou semidura, produzido a partir de leite de vaca integral e cru. (N. E.)

Creme frio de maçãs e curry

Descasque as maçãs, retire os caroços e corte-as em pedacinhos. Coloque no liquidificador e junte a cebola e o alho picados, o iogurte e o creme de leite. Tempere com sal, pimenta-do-reino e *curry* e junte a folha de hortelã. Bata bem para ficar um creme fluido e liso. Leve à geladeira e, depois que gelar, sirva em taças.

4 maçãs verdes grandes
1 cebola picada
1 dente de alho
1 colher de café de curry
2 embalagens de iogurte natural
½ litro de creme de leite
1 folha de hortelã
Sal
Pimenta-do-reino

SUGESTÃO:

Esta sopa de maçã pode ser preparada sem o *curry*, e tanto o iogurte como o creme de leite podem ser substituídos por iogurte desnatado e creme de leite *light*. No entanto, por ser uma receita especial, aconselho que seja feita como indicado.

Sopa de feijão com juliana de legumes

350 g de feijão-vermelho
2 nabos
2 cenouras
100 g de toucinho
1 pé de alface
1 repolho pequeno
2 colheres de sopa de azeite
4 litros de água
1 ramo de hortelã
½ linguiça defumada
Sal

Leve ao fogo uma panela funda ou, de preferência, uma panela de pressão, com o feijão previamente demolhado, a linguiça e o toucinho. Depois de bem cozidos, retire a linguiça e o toucinho e passe metade do feijão pelo espremedor de legumes. Corte todos os legumes em tirinhas, coloque-os na panela do feijão, regue com o azeite e deixe apurar. No final, ajuste o tempero e introduza o ramo de hortelã.

SUGESTÃO:

Esta sopa pode ser preparada sem o toucinho e a linguiça; e, se você não tiver problemas com ingestão de sal, acrescente um tablete de caldo de carne ou de galinha para dar mais sabor.

Sopa de coentro com ovos escaldados

Lave bem o coentro, pique-o grosseiramente e coloque-o em um pilão com os dentes de alho picados e o sal. Esmague muito bem, junte o azeite, misture e encha o pilão com água fervente. Coloque pedaços de pão grosseiramente cortados no fundo de uma terrina e, por cima, despeje a mistura de coentro e regue com mais água fervente, o quanto baste para a sopa. Por cima, coloque os ovos escaldados, abafe um pouco e sirva.

1 molho de coentro
4 dentes de alho
50 ml de azeite
4 ovos
Fatias de pão
Água
Sal

Creme de coentro

1 maço grande de coentro
4 batatas
1 cebola
2 dentes de alho
4 colheres de sopa de azeite
Água
Sal

Leve ao fogo uma panela com as batatas, a cebola e os dentes de alho, tudo cortado miudinho, e a água. Quando estiver fervendo, despeje o azeite e tempere com sal. Assim que os legumes estiverem cozidos, junte coentro grosseiramente picado, deixe ferver apenas um minuto e bata com o *mixer* até formar um creme liso e macio. Se necessário, corrija o sal.

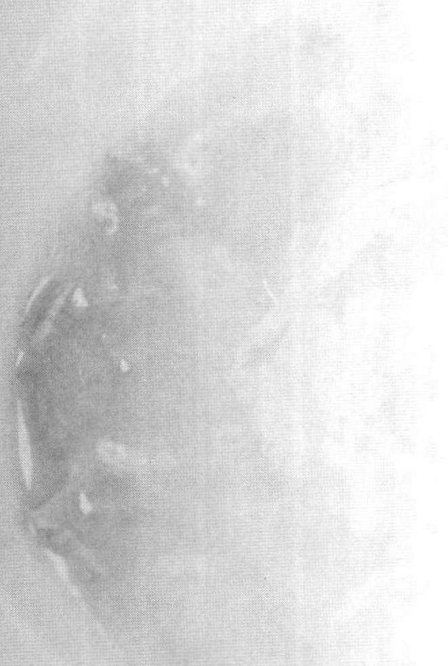

SUGESTÃO:

As batatas podem ser substituídas por abobrinhas, e o coentro, por salsinha ou alface. Está provado que um chá ou uma sopa de alface à noite ajuda a dormir melhor.

Sopa de cebola gratinada

Corte as cebolas em meias-luas finas, despeje-as em uma panela com a manteiga, tampe e deixe cozinhar, mas cuidado para não fritar as cebolas. Depois, despeje a água fervente, tempere com sal e pimenta-do-reino e deixe ferver por mais dez minutos. Em seis cumbucas refratárias, de preferência de barro, disponha uma camada de fatias de pão torrado, uma de cebola, uma de queijo cortado em lascas, e vá alternando os ingredientes até encher a cumbuca, e regue com o caldo. Por fim, coloque uma camada generosa de queijo ralado grosso, algumas bolinhas de manteiga e leve ao forno, previamente aquecido a 300 °C, até a superfície ficar tostada.

6 cebolas médias
50 g de manteiga
1 litro de água
1 pão médio cortado em fatias muito finas e torrado
250 g de queijo gruyère *cortado em fatias e um pouco deste mesmo queijo ralado grosso*
Sal
Pimenta-do-reino

SUGESTÃO:

Esta sopa é essencialmente para noites de inverno e deve ser servida em recipientes individuais que possam ir ao forno. Uma sugestão é cobrir as tigelas com uma tampa de massa folhada pincelada com gema de ovo.

Açordas e arrozes

Açordas e arrozes

"Migas" ou "açordas" são os nomes que damos a alguns pratos muito típicos, sobretudo muito econômicos, que fazem parte da nossa cozinha tradicional. As "migas alentejanas" são cozidas e apresentadas secas, como acompanhamento de carnes, ou preparadas com bacalhau, tomate ou aspargos. E a "açorda" é um caldo aromatizado com alho, azeite, coentro ou poejo, ou ainda com cebola, tomate e ovos.

Para os naturais do lado de cima do rio Tejo, é o nome dado a todos os pratos feitos com pão, e estes são sempre preparados com azeite e alho, juntando-se, depois, tudo aquilo que o nosso receituário e imaginação nos indicar.

O arroz, que na nossa cozinha é indispensável, pode servir tanto de prato principal como de acompanhamento ou de sobremesa. Desde que seguidas as indicações, seu preparo é fácil, além de ser uma solução econômica e equilibrada para preparar uma boa refeição.

Açorda de bacalhau com coentro

1 posta grande de bacalhau demolhado
2 dentes de alho pisados com sal
1 pão português pequeno
1 maço grande de coentro picado
4 ovos escaldados
Água do cozimento do bacalhau
Azeite
Água
Sal

Cozinhe o bacalhau, tire a pele e as espinhas e desfaça-o em lascas. Em um pilão, soque os dentes de alho com o sal e o coentro picado e junte o azeite. Misture bem. Corte o pão em fatias e disponha-as no fundo da sopeira. Despeje por cima a mistura de coentro e as lascas do bacalhau, despeje cerca de 10 ml de azeite, regue com a água do cozimento do bacalhau fervente e, por cima, coloque os ovos escaldados.

Sugestão:

Pode aproveitar as partes mais finas do bacalhau ou utilizar bacalhau já desfiado, mas tendo o cuidado de retirar todas as espinhas.

Açorda de camarão acessível

Descasque os camarões, separe as cabeças e as cascas e leve-a ao fogo em uma panela pequena com uma colher de manteiga e um pouquinho de água. Quando abrir fervura, espere alguns minutos e cubra com água, deixando ferver mais um pouco. Prepare um refogado com os dentes de alho, a cebola picadinha, o azeite, a manteiga e as pimentas vermelhas. À parte, pique o pão grosseiramente, regue-o com um pouco de água fervente para amolecer e reserve. Junte os camarões descascados ao refogado e, assim que ficarem rosados, introduza o pão e bata bem com uma colher de pau. Em seguida, regue com a água de fervura das cabeças e cascas dos camarões, tempere com sal, acrescente o coentro grosseiramente picado e deixe ferver alguns minutos. Bata os ovos e, no momento de ir para a mesa, misture-os na açorda.

400 g de camarão médio
2 ovos
4 dentes de alho
1 cebola
50 ml de azeite
2 pimentas vermelhas
2 colheres de sopa de manteiga
1 pão duro
1 bom maço de coentro
Água do cozimento dos camarões
Sal

Sugestão:

Junte um pouco de tomate, alho picado e azeite no cozimento das cabeças e cascas dos camarões, passe tudo pelo espremedor de legumes e use esse caldo para cozinhar arroz, que ficará muito saboroso.

Açorda alentejana

½ pão português redondo
4 dentes de alho
50 ml de azeite de boa qualidade
4 ovos
1 molho de coentro
1 litro de água
Sal

Parta o pão em fatias finas e coloque-as no fundo de uma terrina. Em um pilão, soque os dentes de alho com o coentro picado e o sal até formar uma pasta. Em seguida, coloque a água em uma panela e leve ao fogo até ferver. Então, despeje a pasta de alho na panela, espere abrir fervura e deixe ferver por mais um minuto. À parte, escalde os ovos, disponha-os sobre as fatias de pão, regue com o caldo, com cuidado para manter os ovos inteiros, abafe alguns minutos e sirva bem quente.

Indicação:

Uma entrada extremamente econômica, cuja qualidade dependerá especialmente da frescura do coentro e da qualidade do azeite.

Açorda de sardinha

Lave e salgue as sardinhas. Corte as cebolas em meias-luas finas e os dentes de alho em fatias. Retire a pele e as sementes dos tomates e pique-os grosseiramente. Leve ao fogo uma panela com o azeite, as cebolas, os dentes de alho, o tomate e metade do maço de coentro, também picado grosseiramente. Deixe refogar até a cebola e o tomate estarem bem cozidos, despeje as sardinhas e regue-as com o vinho branco e tempere com sal. Sacuda a panela para o peixe não se desfazer e pegar tempero por igual e deixe cozinhar em fogo brando por cerca de cinco minutos. Em seguida, parta o pão em fatias em um prato fundo, disponha as sardinhas por cima, regue com o caldo fervente e polvilhe com o coentro picado restante.

8 sardinhas
2 cebolas
4 tomates maduros
2 dentes de alho grandes
100 ml de azeite
1 copo de vinho branco
1 maço grande de coentro
1 pão português redondo
1 litro de água
Sal

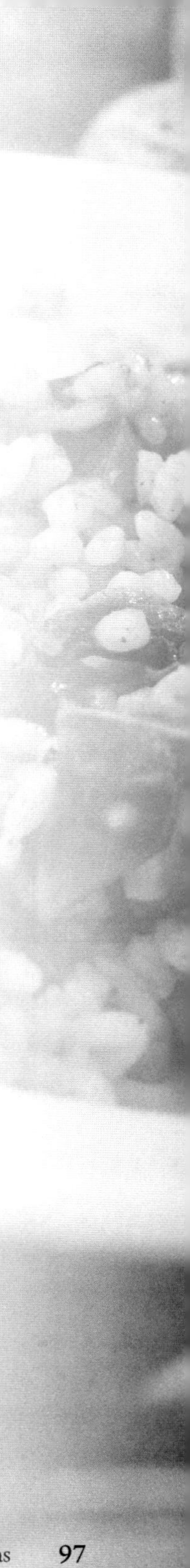

Orientação:

Sardinhas têm consistência delicada. Ao prepará-las é preciso ter cuidado para que não cozinhem demais, e, ao retirá-las da panela, para que não se desfaçam.

Açorda de tomate

4 tomates grandes maduros
2 cebolas cortadas em meias-luas
2 dentes de alho
4 batatas cozidas
1 pão português redondo
1 maço grande de coentro
100 ml de azeite
1 litro de água
Sal

Parta o pão em fatias dentro de uma terrina. Leve ao fogo a cebola, o alho, o azeite e os tomates pelados e grosseiramente picados. Deixe cozinhar até o tomate começar a desmanchar. Tempere com sal, junte as batatas cozidas e cortadas em rodelas, o coentro picado e a água. Deixe ferver por alguns minutos e verta a sopa por cima do pão. Tampe e sirva muito quente.

Sugestão:

Transforme esta sopa em prato principal juntando uma posta de bacalhau em lascas, cebola e, no final, 4 ovos escaldados.

Arroz de lingueirão

1 kg de lingueirão
1 cebola picada
2 dentes de alho picados
1 cravo-da-índia
2 pimentas vermelhas
2 xícaras de arroz
4 xícaras de caldo
1 maço de coentro
Sal

Ponha os lingueirões em água e sal até soltarem toda a areia. Quando estiverem limpos, coloque-os em uma panela e leve-os ao fogo para abrir e soltar a água. Passe a água por uma peneira muito fina e reserve. Prepare um refogado com a cebola, os dentes de alho, o cravo-da-índia, as pimentas vermelhas e metade do maço de coentro. Quando estiver pronto, junte os lingueirões cortados em dois ou três e misture-os no refogado. Junte o arroz, mexa bem e acrescente a água do cozimento dos lingueirões junto com a água restante. Tempere com sal, se necessário, e cozinhe durante cerca de 20 minutos. Desligue o fogo, junte a outra metade do coentro picado e espere dois a três minutos para servir.

ORIENTAÇÃO:

Este fruto do mar não deve ser cozido demasiado para não ficar muito rijo.

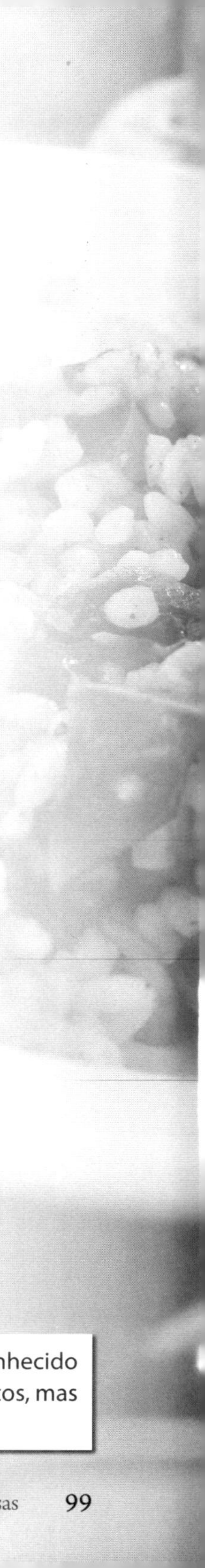

Lingueirão é um fruto do mar comum na costa de Portugal, mas pouco conhecido no Brasil. É um molusco bivalve protegido por duas conchas, como os mariscos, mas sua forma é estreita e alongada. (N. E.)

Arroz com feijão de Vila Verde

Feijão-vermelho, demolhado, para cozinhar em água temperada com um fio de azeite
Arroz
1 linguiça defumada
1 chouriço
50 g de toucinho
1 cebola com 1 cravo-da-índia espetado
6 grãos de pimenta-do-reino
Sal

Refogado:
1 cebola
2 dentes de alho
2 tomates maduros
100 ml de azeite

Durante o cozimento do feijão, junte a linguiça, o chouriço e o toucinho. Depois de cozido, retire os embutidos, corte-os em pedaços, e junte-os de novo ao feijão quando o refogado estiver bem apurado. (Verifique a quantidade de líquido em que cozinhou o feijão: se preferir um arroz sequinho, use uma medida e meia de líquido para cada medida de arroz, mas, se quiser um arroz mais empapado, pode usar quatro medidas.) Tempere com sal e leve ao fogo para ferver. Adicione o arroz (250 g, por exemplo), deixe retomar a fervura e cozinhar, tampado e com o fogo bem baixo. Assim que estiver cozido, desligue o fogo e deixe repousar cinco minutos antes de servir.

INDICAÇÃO:

O arroz deverá ser sempre carolino, que tem goma, e não deverá ser lavado, mas limpo com um pano.

Arroz com frango à minha maneira

Corte o frango em pedaços pequenos, lave-o e deixe escorrer. Em seguida, leve ao fogo uma panela grande com o azeite, a cebola, os dentes de alho, a pimenta vermelha, a linguiça defumada e o toucinho. Quando a cebola estiver transparente e começar a dourar, junte os pedacinhos de frango e deixe cozinhar até começar a pegar cor. Junte as cenouras, as ervilhas e as ervas aromáticas, misture no refogado, acrescente o caldo de galinha e regue com a água, de preferência fervente. Deixe cozinhar alguns minutos e junte o arroz, mexendo bem. Corrija o sal, tampe a panela, baixe o fogo e deixe cozinhar por mais 20 minutos. Desligue o fogo e deixe o arroz descansar durante cinco minutos com a panela tampada.

1 frango pequeno
1 cebola grande picada
2 dentes de alho amassados e picados
½ linguiça defumada picada
1 tira de toucinho cortado em tirinhas
2 cenouras cortadas em cubinhos
1 pacote de ervilhas miúdas congeladas
150 ml de azeite
1 pimenta vermelha cortada
1 maço de coentro
1 maço de hortelã
1½ xícara de chá de arroz
3 xícaras de chá de água
1 tablete de caldo de galinha
Sal

Sugestão:

Pode fritar rodelas fininhas de linguiça e tirinhas de toucinho para enfeitar o arroz. E, no momento de levá-lo à mesa, pode polvilhar com mais coentro picado.

Arroz de talos

1 cebola grande finamente picada
2 dentes de alho amassados e picados
1 pimenta vermelha
150 ml de azeite
1 molho de talos de nabo ou de couve
1 tablete de caldo de galinha
250 g de arroz
Água
Sal
1 maço pequeno de coentro
1 punhado de hortelã

Em uma panela, coloque a cebola, o alho, a pimenta vermelha e o azeite e deixe cozinhar até a cebola e o alho murcharem. Junte os talos bem lavados e escolhidos (use apenas os galhinhos mais tenros), deixe-os refogar até começarem a amaciar e junte a água com sal. Assim que esta começar a ferver, junte o coentro e a hortelã e deixe cozinhas alguns minutos. Despeje o arroz e, logo que voltar a ferver junte o caldo de galinha, mexa e baixe o fogo. Deixe cozinhar cerca de 20 minutos em fogo médio. Então, desligue o fogo e deixe descansar cerca de cinco minutos.

Sugestão:

Utilize esta receita para preparar arroz com outros legumes, a seu gosto.

Arroz de polvo à minhota

Lave o polvo e corte-o em pedaços. Faça um refogado com a cebola, o louro, a pimenta vermelha e a pimenta-do-reino em uma panela de pressão aberta. Quando a cebola estiver murcha, regue com o vinagre, junte os pedaços de polvo, tampe a panela e deixe cozinhar por 15 minutos em fogo médio. Destampe, junte o arroz, misture bem no refogado e junte a água fervente. Tempere com sal e deixe cozinhar em fogo brando por mais 15 minutos. Corrija o tempero, coloque-o em uma travessa refratária e leve-o ao forno, a 200 °C, cerca de meia hora. Sirva imediatamente com uma boa salada.

1 polvo médio e de preferência congelado

1 cebola grande

50 ml de azeite

1 colher de sopa de vinagre

1 xícara de chá de arroz (cerca de 300 g)

2 xícaras de chá de água fervente

1 folha de louro

1 ramo de salsa picada

Sal

Pimenta-do-reino

Pimenta vermelha

SUGESTÃO:

Se gostar, polvilhe coentro picado no arroz.

Peixes e frutos do mar

Peixes e frutos do mar

O peixe, considerado um dos alimentos essenciais à saúde, é especialmente recomendado a crianças e idosos. Em minha opinião, o peixe, quanto mais fresco e mais simples o preparo, melhor!

Na hora de comprar peixe, muita gente prefere o fresco ao congelado. Entretanto, o bom peixe congelado é tratado logo após sua captura, mantendo assim todas as suas características e frescura. Já o peixe fresco nem sempre apresenta a qualidade mínima para o consumo.

Os frutos do mar, alguns deles completamente inacessível à maioria das mesas por causa do preço, podem ser substituídos pelos congelados, principalmente mariscos, siris e camarões.

Filés de linguado com vermute

8 filés de linguado
500 g de frutos do mar (vôngoles, mariscos, vieiras)
300 g de cogumelos
100 ml de creme de leite
100 ml de vermute branco
2 limões
2 gemas
Cheiro-verde
Sal
Pimenta-do-reino

Lave os frutos do mar em várias águas para sair toda a areia, leve-os ao fogo com um pouco de água para abrirem, retire-os das cascas e coe o líquido em uma peneira fina forrada com um pano. Em seguida, lave os filés de linguado e escorra bem. Disponha os linguados em uma travessa refratária, regue-os com o suco de um limão e com a água coada dos frutos do mar, polvilhe com o cheiro-verde picado e um pouco de sal e leve ao forno, previamente aquecido a 200 °C, cerca de dez minutos. Em seguida, limpe os cogumelos, lave-os e corte-os em lâminas. Coloque-os em uma frigideira, acrescente os frutos do mas sem as cascas e regue com o suco do outro limão, com duas conchas do caldo vertido pelo linguado e o vermute. Deixe cozinhar durante cinco minutos em fogo brando. Bata as gemas com o creme de leite e, já fora do fogo, incorpore-as ao molho, mexendo fortemente para não talharem. Corrija o sal e a pimenta-do-reino. Sirva os filés cobertos com o molho e acompanhados de espinafre cozido.

SUGESTÃO:

O vermute e as gemas podem ser eliminados da receita, e o creme de leite comum pode ser substituído por creme de leite de soja.

Filés de linguado com amêndoas

8 filés de linguado
2 gemas
2 pães pequenos
2 colheres de sopa de leite
2 cebolas
4 colheres de sopa de amêndoas trituradas
100 g de amêndoas fatiadas em lâminas
100 g de manteiga
1 embalagem de caldo de peixe
1 copo de vinho branco seco
1 colher de chá de farinha de trigo
1 embalagem de creme de leite
1 ramo de salsinha
Sal
Pimenta-do-reino

Despeje o pão partido em uma tigela, cubra-os com duas colheres de leite e duas de creme de leite, deixe amolecer por alguns minutos e esmigalhe o pão com um garfo. Junte a salsinha, as cebolas picadas, as amêndoas trituradas, as duas gemas e amasse bem. Tempere os filés com sal e pimenta-do-reino, reparta o recheio sobre cada um, enrole e prenda com um palito. Prepare o caldo de peixe. Unte uma forma refratária, disponha os filés enrolados, regue-os com o caldo e com o vinho (sem cobri-los completamente), ponha uma bolinha de manteiga sobre cada um e leve-os ao forno, previamente aquecido a 200 °C, durante cerca de 15 minutos. Frite as lâminas de amêndoa em um pouco de manteiga e prepare uma colher de sopa de manteiga amolecida misturada com a colher de farinha. Retire os filés do forno e acomode-os em uma travessa de servir. Junte o molho que restou na forma à manteiga amolecida misturada com a farinha e leve ao fogo até engrossar. Acrescente o creme de leite restante, deixe ferver um minuto e regue o linguado com este molho. Polvilhe com as amêndoas e sirva com batatinhas cozidas.

Sugestão:

Se substituir o creme de leite por creme de leite de soja, utilizar manteiga *light* e não utilizar o vinho, este prato ficará mais leve.

Filés de pescada com migas de coentro

8 filés de pescada grossos e sem espinhas
1 limão
1 pão amanhecido
3 ovos
1 maço grande de coentro
4 dentes de alho
50 ml de azeite
Farinha de trigo ou de rosca
Gomos de limão para enfeitar
Água
Sal
Óleo para fritar

Tempere os filés com limão e sal e reserve. Para as migas, desfaça o pão em pedaços e escalde-os com um pouco de água fervente. Leve ao fogo uma panela com o azeite e os dentes de alho picados e, quando começarem a fritar, despeje o pão desfeito com as mãos e um pouco de água e deixe ferver. Tempere com sal, continue a mexer, e adicione coentro picado e um ovo batido. Misture bem, tempere com sal e reserve. Passe os filés na farinha e nos restantes dois ovos batidos e frite-os em óleo bem quente (mas não demasiado, para que cozinhem sem escurecer). Sirva-os com as migas e enfeitados com os gomos de limão.

Migas é um prato típico do Alentejo à base de pão amanhecido, o qual é demolhado, esmigalhado com as mãos e juntado a outros ingredientes, como carne de porco ou peixe, e temperos. (N. E.)

Filés estufados

Leve ao fogo uma panelinha com água temperada com sal e, quando começar a ferver, escalde os filés, escorra-os e tempere-os com pimenta-do-reino e limão. Em seguida, passe-os por farinha de trigo e reserve. Separe as claras das gemas. Bata as claras em neve com uma pitada de sal e envolva-as nas gemas previamente batidas e também temperadas com sal. Mergulhe os filés nessa mistura e frite-os em uma panela com bastante azeite até ficarem dourados e bem estufados. Arrume-os em um prato grande de servir, colocando cada filé sobre uma folha de alface. Sirva com salada fria de batatas e maionese.

6 filés de pescada ou outro peixe a seu gosto
1 limão
3 ovos
Farinha de trigo
Alface
Sal
Pimenta-do-reino

Bacalhau com alecrim, alcaparras e limão

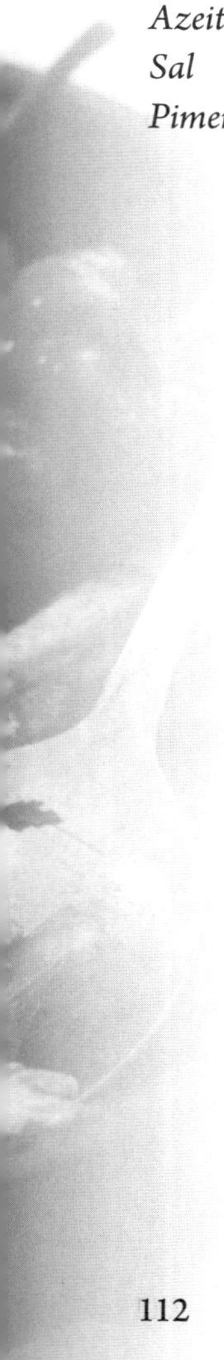

4 postas grossas de bacalhau bem demolhado e sem pele
1 maço de alecrim fresco
1 frasco de alcaparras
1 lata de anchovas
4 limões
Azeite
Sal
Pimenta-do-reino

Depois de o bacalhau estar bem demolhado, retire a pele e envolva-o em uma pasta preparada com alecrim, alcaparras, azeite, suco de dois limões, sal e pimenta-do-reino. Embrulhe bem cada posta nesta mistura e coloque-as lado a lado. Por cima, coloque as anchovas cortadas ao meio no sentido do comprimento, regue com o restante da marinada e cubra com rodelas dos outros dois limões, cortadas fino. Leve ao forno, a 180 °C, por cerca de 20 minutos. Sirva com batatas cozidas e salteadas.

Sugestão:

Pode preparar este mesmo prato com postas de qualquer peixe fresco e não incluir as anchovas.

Bacalhau à moda de Viana

Lave e escolha bem os talos e folhas de nabo e leve para cozinhar em bastante água fervente, temperada com sal e com uma das cebolas cortadas ao meio. Junte as batatas descascadas cortadas ao meio e, durante o cozimento, adicione o bacalhau e deixe cozinhar durante dez minutos em fogo brando. Em seguida, corte as cebolas restantes em meias-luas, a folha de louro e os dentes de alho em fatias e leve para dourar no azeite, temperado com cominho, sal e pimenta-do-reino. Sirva talos e folhas no fundo da travessa, o bacalhau por cima, rodeie com as batatas cozidas e regue generosamente com a cebola.

4 postas grossas de bacalhau bem demolhado
4 cebolas grandes
4 dentes de alho
1 kg de batatas
1 maço grande de talos e folhas de nabo
250 ml de azeite
1 folha de louro
Cominho
Água
Sal
Pimenta-do-reino

ORIENTAÇÃO:

Se as postas de bacalhau forem muito grossas, aumente consideravelmente o tempo em que deverão ser deixadas de molho.

Bacalhau
à conde da guarda

400 g de bacalhau demolhado
500 g de batata
200 g de cebola
4 dentes de alho
150 ml de azeite
250 ml de creme de leite
Água
Sal
Pimenta-do-reino

Cozinhe o bacalhau demolhado sem peles nem espinhas. Em outro recipiente, cozinhe as batatas em água e sal, escorra-as e reduza-as a purê. Pique as cebolas e os dentes de alho e leve ao fogo com o azeite até ficarem transparentes. Junte o bacalhau cozido e em lascas e misture bem. Retire do fogo, reduza o refogado a purê e adicione ao purê de batatas, misturando muito bem com uma colher de pau. Adicione o creme de leite e tempere com sal e pimenta-do-reino. Coloque este preparado em uma forma refratária, regue com o azeite do refogado e leve ao forno, previamente aquecido a 250 ºC, para gratinar. Sirva com uma boa salada fresca.

SUGESTÃO:

Nesta receita, o creme de leite é indispensáveis, mas pode ser substituído por creme de leite *light* ou de soja.

Bacalhau assado em pão português

Asse as batatinhas com casca. Asse o bacalhau na brasa até ficar tostadinho, abra-o em lascas e retire todas as espinhas. Em seguida, cozinhe a couve e escorra-a. Leve ao fogo uma frigideira com as pimentas vermelhas, os dentes de alho amassados e o azeite e deixe cozinhar até o alho começar a dourar. Então, desligue o fogo, junte as lascas de bacalhau, tampe a frigideira e deixe amaciar no azeite. Prepare os pães, cortando uma tampa e retirando cuidadosamente o miolo, sem danificar a casca. Forre o fundo de cada pão com pedaços de couve, cubra com lascas de bacalhau e batatinhas assadas, regue generosamente com o azeite em que se cozinhou o alho e as pimentas vermelhas, e cubra os pães com as tampas. Leve-os ao forno, previamente aquecido a 250 °C, regados com um fio de azeite, até ficarem dourados e crocantes. Sirva imediatamente, com as tampas ao lado, e enfeite com azeitonas pretas.

4 postas altas de bacalhau demolhado

6 dentes de alho amassados

2 pimentas vermelhas

250 ml de bom azeite

1 couve-portuguesa grande

4 pães redondos e médios

Batatinhas assadas no forno com sal

Azeitonas pretas

SUGESTÃO:

As batatinhas assadas podem ser servidas à parte.

Bacalhau avinagrado

1 posta grande de bacalhau demolhado
2 cebolas
2 dentes de alho
150 ml de azeite
1 colher de sopa de farinha de trigo
1 maço de talos
Vinagre de vinho branco
Batatinhas
Água
Sal
Pimenta-do-reino

Desfie o bacalhau. Prepare um refogado com as cebolas cortadas em meias-luas, os dentes de alho picados e o azeite. Quando começar a dourar, adicione o bacalhau desfiado e a farinha diluída no vinagre e em um pouco de água. Tempere com sal e pimenta-do-reino e deixe apurar. À parte, asse batatinhas e cozinhe os talos. Sirva o bacalhau com estes legumes.

ORIENTAÇÃO:

Por não ser fácil desfiar o bacalhau cru, afervente-o e aproveite a água da fervura para confeccionar o prato.

Bacalhau com creme de leite especial

Depois de o bacalhau bem demolhado, cozinhe-o e desfie-o, retirando-lhe cuidadosamente pele e espinhas. Corte a cebola em meias-luas muito finas e refogue no azeite. Prepare um bom molho branco com a manteiga, a farinha de trigo, a mostarda, o leite e o creme de leite, e tempere com sal, pimenta-do-reino, noz-moscada e suco de limão. Frite as batatas cortadas em rodelas ou em quatro. Em uma travessa refratária, coloque uma camada de batatas fritas, outra de bacalhau e outra de cebola. Regue generosamente com o molho, polvilhe com farinha de rosca e queijo ralado e leve ao forno para gratinar.

3 postas altas de bacalhau
4 cebolas médias
1 kg de batatas
100 ml de azeite
250 ml de creme de leite
½ litro de leite
4 colheres de sopa de manteiga ou margarina
1 colher de sopa bem cheia de farinha de trigo
1 colher de chá de mostarda
Suco de ½ limão
Noz-moscada
Sal
Pimenta-do-reino
Farinha de rosca
Queijo ralado

Orientações:

O bacalhau deve ficar de molho em bastante água fria e com a pele virada para cima, poucas postas de cada vez, e a água deve ser trocada três vezes ao dia, levando em conta a grossura das postas. O bacalhau comum deve ficar de molho de 30 a 36 horas; o graúdo, de 40 a 48 horas; e o especial, de 48 a 50 horas. Se quiser congelá-lo, seque bem cada posta e embale individualmente.

Pescada gratinada

1 lombo de pescada média ou grande (pode ser congelada)
1 colher de chá de cebola picada
100 ml de vinho branco
50 ml de azeite ou 60 g de manteiga
1 limão
1 maço de salsinha
Farinha de rosca o quanto baste
Sal
Pimenta-do-reino

Depois de descongelada, lavada, escamada e escorrida, corte a pescada ao longo da espinha (para cozinhar mais facilmente). Coloque-a em uma travessa refratária untada com manteiga e tempere com a pimenta-do-reino, o sal, a cebola, o azeite e o vinho branco e polvilhe com a farinha de rosca. Leve-a ao forno, previamente aquecido a 180 ºC, tendo o cuidado de regar frequentemente com o líquido que se acumular na travessa. Quando as lascas começarem a abrir, corrija o tempero e retire do forno. Então, junte as batatinhas cozidas, regue com suco de limão e polvilhe com salsinha picada. Sirva imediatamente.

SUGESTÃO:

O acompanhamento pode ser substituído por outros legumes em vez de batatas.

Pescada com molho de gemas

Limpe e lave bem as postas de peixe, tempere com um pouco de sal e reserve. Leve ao fogo uma panela com a água, o vinho branco, a cebola e as cenouras cortadas em pedaços, a salsinha, o louro e o sal e deixe ferver cerca de 20 minutos. Despeje então o peixe e deixe ferver de cinco a dez minutos. Desligue o fogo e deixe o peixe no caldo. À parte, derreta em banho-maria duas colheres de manteiga e azeite. A essa mistura, adicione pouco a pouco as gemas, previamente misturadas com o vinagre e o limão e temperadas com sal e pimenta-do-reino, e bata sempre para o mesmo lado e até que o molho fique consistente. Escorra bem o peixe, coloque as postas no centro do prato de servir, regue bem com o molho e, em volta, enfeite com batatinhas e espinafre cozidos. Polvilhe com salsinha picada fino.

4 postas grandes de pescada
200 ml de vinho branco
1 cebola média
2 cenouras
1 maço de salsinha
1 folha de louro
2 g de sal grosso
200 ml de água

Para o molho:

2 colheres de sopa de manteiga
3 colheres de sopa de azeite
4 gemas
1 colher de sopa de vinagre de boa qualidade
1 colher de sopa de suco de limão
Sal
Pimenta-do-reino

SUGESTÃO:

Quem não puder comer ovos pode substituir as gemas por uma colher de amido de milho diluído no vinagre e no limão.

Caldeirada de pescada

4 postas grandes de pescada
2 cebolas
3 dentes de alho
2 tomates grandes
1 ramo de tomilho
1 folha de louro
1 ramo de coentro
1 ramo de hortelã
1 ramo de salsinha
1 casca de laranja
1 g de açafrão em fios
1 pimenta vermelha
Azeite
Pão (1 baguete do dia anterior)
Sal grosso e sal refinado
Pimenta-do-reino

Lave as postas de pescada, polvilhe-as ligeiramente com sal grosso e reserve. Pique as cebolas e esmague os dentes de alho. Tire a pele e as sementes dos tomates e corte-os em pedacinhos. Coloque tudo em uma caçarola de fundo grosso e acrescente o tomilho, o louro, o coentro, a hortelã e a casca de laranja, além das postas de pescada. Junte meio copo de azeite, sacuda a caçarola e deixe marinar durante quatro horas em lugar fresco. Passado este tempo, junte água até cobrir o peixe, tempere com sal, pimenta-do-reino e açafrão e cozinhe em fogo forte até começar a ferver. Então, deixe cozinhar mais dez minutos, retire a caçarola do fogo e coe o caldo. Corte fatias de pão, disponha-as em um recipiente fundo, regue-as com o caldo e, por cima, disponha o peixe cuidadosamente. Polvilhe tudo com a salsinha picada e sirva muito quente, com acompanhamento a gosto.

Peixe no sal

1 robalo com 1,300 kg
1½ kg de sal grosso
500 g de sal refinado
Mistura de ervas aromáticas picadas grosseiramente (salsa, coentro, tomilho, alecrim)
Um pouco de água

Misture o sal grosso com o sal refinado e as ervas aromáticas picadas, borrife com água e forre o fundo de uma travessa refratária com metade deste preparado. Por cima e no centro, coloque o peixe, já limpo e lavado, mas com as escamas. Se quiser, introduza na barriga do peixe uma folha de louro. Cubra-o completamente com o sal restante, também borrifado com água, formando uma capa compacta sobre o peixe, e leve-o ao forno, previamente aquecido a 200 ºC. Deixe cozinhar durante 30 minutos. Passado este tempo, retire-o do forno. Então, corte o sal em redor do peixe e corte sua cabeça; assim, quando retirar o sal, a pele sairá junto. Acompanha muito bem batatinhas cozidas no vapor e legumes cozidos da mesma forma.

Orientação:

O segredo do bom peixe no sal está principalmente na quantidade de sal por quilo de peixe, no tempo em que ficará assando e na temperatura do forno. Assim, um peixe com 1,100 kg deverá levar também 2 kg de sal (refinado e grosso, aromatizado com ervas e borrifado com água), sendo o seu tempo de forno 26 minutos. Depois, é só uma questão de ir calculando as quantidades e o tempo por quilo de peixe a utilizar.

Peixe à escabeche

1 kg de peixes pequenos (carapaus, sardinhas, trutas)
1 cebola
1 cenoura
1 ramo de salsinha
1 folha de louro
½ litro de vinho branco seco
100 ml de água
200 ml de vinagre de boa qualidade
Azeite ou óleo para fritar
Farinha o quanto baste
Sal
Pimenta-do-reino em grãos

Limpe os peixes e deixe-os escorrer bem. Em seguida, tempere-os com sal, passe-os na farinha e frite-os em azeite ou óleo. Coloque-os sobre papel absorvente para escorrer o óleo da fritura e, enquanto isso, prepare o molho. Corte a cebola e a cenoura em rodelas, junte a salsinha, o louro, os grãos de pimenta, o vinho, o vinagre, a água e leve tudo ao fogo, deixando cozinhar até a cebola e a cenoura estarem macias. Coloque o peixe frito em uma travessa funda e regue-o com o molho quente. Sirva 24 horas após o preparo.

INDICAÇÃO:

Esta receita, sem gordura, é perfeita para a maioria das pessoas.

O meu escabeche

Prepare o peixe como na receita anterior. Frite-o em óleo e ponha-o a escorrer em papel absorvente. Leve ao fogo coloque o azeite, as cebolas cortadas em meias-luas, a cenoura em rodelas, os dentes de alho socados, as folhas de louro e as pimentas vermelhas. Deixe cozinhar até a cebola começar a dourar. Então, junte o vinho branco, a água, o vinagre, o sal e deixe cozinhar até a cebola e a cenoura estarem bem macias. Disponha os peixes em uma travessa funda, regue-os com o molho bem quente e sirva-os na hora ou no dia seguinte.

1 kg de peixe pequeno a escolher
250 ml de azeite
150 ml de vinagre
4 dentes de alho
50 ml de vinho branco
50 ml de água
2 folhas de louro sem o talinho central
2 pimentas vermelhas cortadas
2 cebolas grandes
1 cenoura
1 maço de salsinha
Óleo para fritar
Sal

INDICAÇÃO:

Esta receita é excelente para aproveitar peixes pequenos ou postas de peixe frito, mas não é indicada para todas as pessoas.

Atum fresco especial

4 postas de atum cortadas ao meio
100 g de queijo ralado
100 g de farinha de rosca
1 lata de molho de tomate
1 dente de alho picado
1 folha de louro
1 maço de salsinha
1 ramo de tomilho
Farinha de rosca o quanto baste
Azeite para fritar
Sal
Pimenta-do-reino

Depois de lavar e secar bem o peixe, tempere-o com sal e pimenta-do-reino, passe-o na farinha e frite-o em uma frigideira grande, com bastante azeite, até que comece a dourar. Retire-o da frigideira, escorra-o e coloque-o em uma travessa refratária. Em uma panela, aqueça o molho de tomate e junte o louro, o tomilho, o dente de alho picado, três colheres do azeite da fritura do atum e deixe cozinhar por alguns minutos. Retire as ervas aromáticas e regue o atum com o molho. À parte, misture farinha de rosca com queijo ralado e salsinha picada e polvilhe o prato com essa mistura. Em seguida, regue com um fio de azeite e leve ao forno, previamente aquecido à temperatura máxima, para gratinar levemente. Se o forno tiver grelhador, é preferível por ser mais rápido e não secar o peixe.

SUGESTÃO:

Pode-se substituir o atum por um peixe branco e magro, como filés de pescada, e proceder da mesma forma.

Cataplana de peixe e marisco

½ kg de lombo de garopa cortado em cubos
100 g de marisco sem casca
100 g de vôngole sem casca
100 g de vieira sem casca
100 g de camarão sem casca
1 cebola grande
2 dentes de alho
2 tomates grandes maduros
1 limão
1 pimentão verde
1 pimentão vermelho
1 maço de salsinha
1 maço de coentro
1 ramo de hortelã
1 fio de azeite
1 ou 2 pimentas vermelhas secas partidas
1 copo pequeno de água
Sal

Lave bem os cubos de peixe e polvilhe-os com um pouco de sal, misture-os aos frutos do mar e regue tudo com um pouco de suco de limão. Corte a cebola e os dentes de alho em meias-luas finas e as pimentas vermelhas ao meio e coloque tudo no fundo da cataplana. Corte os pimentões em tiras e os tomates em rodelas finas e disponha-os sobre a cebola. Cubra com as ervas aromáticas e, por cima, disponha o peixe e os frutos do mar. Regue com o azeite e a água, feche bem a cataplana e leve-a ao fogo por cerca de 20 minutos. Abra-a apenas no momento de servir.

Cataplana é uma panela metálica formada por duas partes côncavas que se encaixam por meio de uma dobradiça e fechos laterais. Em geral, os alimentos que são feitos nesse recipiente costumam levar o mesmo nome. (N. E.)

Vôngole acebolado

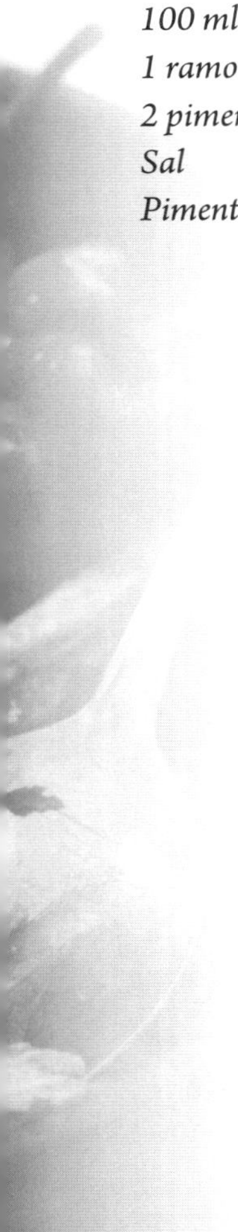

2 kg de vôngole fresco
3 gemas batidas com suco de meio limão
3 cebolas médias
3 dentes de alho
50 ml de azeite
100 ml de vinho branco
1 ramo grande de coentro
2 pimentas vermelhas
Sal
Pimenta-do-reino

Lave muito bem os vôngoles, despeje-os em uma tigela e cubra-os com água. Tempere com sal e deixe-os na água durante uma hora, mais ou menos, para soltarem bem todas as impurezas. Coloque o azeite em uma panela grande e refogue as cebolas e os dentes de alho cortados em rodelas finas e as pimentas vermelhas cortadas em pedacinhos, e, quando começar a tomar cor, aumente o fogo e despeje os vôngoles, deixando-os se abrir. Regue com o vinho branco, tempere com sal e pimenta-do-reino e deixe ferver mais alguns minutos. Junte as gemas batidas com o suco de limão e o coentro picadinho, desligue o fogo e sacuda o tacho para as gemas não ferverem nem talharem. Sirva imediatamente com fatias de pão torrado.

Mariscos à pescador

Depois de bem lavados e limpos, disponha os mariscos em uma panela grande sobre um fundo de cebolas cortadas em rodelas, dentes de alho amassados e a folha de louro. Regue com o azeite e o vinho branco e leve a fogo bem forte, sacudindo a panela várias vezes para os mariscos abrirem por igual.

2 kg de mariscos
2 cebolas grandes
1 copo de vinho branco
2 dentes de alho
1 folha de louro
50 ml de azeite

ORIENTAÇÃO:

Mariscos não devem ser salgados; o ideal é servi-los compedaços de limão. A mesma receita serve para vôngoles e vieiras.

Vol-au-vent de mariscos

Cerca de 1 kg de vol-au-vent *comprados prontos ou 2 embalagens de massa folhada*
1 kg de mariscos frescos
2 tomates
1 pimentão vermelho
1 cebola grande picada
1 dente de alho picado
1 ramo de salsinha
1 ramo de coentro
1 folha de louro
150 ml de creme de leite
50 ml de azeite
1 copo de vinho branco
2 pimentas vermelhas (opcional) ou pimenta-do-reino moída na hora
Água para abrir os mariscos
Sal

Leve ao fogo a cebola, o alho, as pimentas vermelhas, o azeite, os tomates pelados e picados, o pimentão cortado em tiras, o azeite, o louro e um pouco de salsa e de coentro cortados grosseiramente e deixe cozinhar, em fogo brando, por cerca de dez minutos. Em seguida, abra os mariscos em uma panela grande e funda, escorra o líquido que soltarem, coe e despeje no refogado. Retire os mariscos das cascas e reserve-os. Junte ao refogado o vinho branco e deixe ferver até todos os legumes estarem bem cozidos. Coe o caldo pelo coador chinês, volte a colocá-lo no tacho, junte os mariscos, o resto dos temperos picados e o creme de leite. Deixe engrossar por alguns minutos e reserve, mantendo quente. Asse os *vol-au-vent*, se este estiverem crus, ou, se já estiverem assados, leve-os ao forno apenas para esquentar, encha-os com o preparado e sirva bem quente, acompanhados de uma boa salada.

Sugestão:

Embora a massa folhada tenha alto teor de gordura, você pode tornar a receita mais *light* substituindo o creme de leite normal por iogurte desnatado ou creme de leite de soja.

Camarão especial da minha casa

1 kg de camarão médio congelado
1 cebola grande
1 dente de alho
1 pimentão verde
50 ml de azeite
2 colheres de sopa de manteiga
2 pimentas vermelhas
2 tomates
1 lata de cogumelos inteiros pequenos
1 maço pequeno de coentro
Hortelã
250 ml de creme de leite
Suco de limão
Água
Sal

Descasque os camarões. Coloque as cascas e as cabeças em uma panela pequena e leve ao fogo com uma boa colher de manteiga. Em seguida, tempere com uma pitada de sal e regue com um pouquinho de água. Deixe ferver e, aos poucos, vá juntando a água necessária para fazer o molho. Passe as cascas e o molho pelo espremedor de legumes e por uma peneira fina e reserve. Tempere os camarões com um pouco de sal. Leve ao fogo uma frigideira grande com a cebola bem picadinha, os dentes de alho ligeiramente amassados (para poderem ser retirados), o azeite, o tomate picado grosseiramente e o pimentão, também picado em pedacinhos médios. Deixe cozinhar até a cebola começar a dourar. Junte os cogumelos, cozinhe mais alguns minutos, e, então, introduza o coentro e a hortelã e junte os camarões. Quando os camarões começarem a ficar rosados, acrescente a manteiga e o creme de leite, regue com o suco de limão e deixe ferver por alguns minutos para engrossar. Sirva com arroz branco bem soltinho.

Frigideira exótica de camarões

400 g de camarão grande sem casca
4 camarões grandes previamente cozidos
4 colheres de sopa de azeite
1 alho-poró
1 lata pequena de abacaxi em calda
1 lata de lichias em calda
150 ml de creme de leite
2 pimentas vermelhas
Sal
Pimenta-do-reino moída na hora
2 colheres de sopa de coentro picado

Salteie o camarão no azeite com as pimentas vermelhas cortadas e tempere com sal e pimenta-do-reino. Reserve. No óleo de fritura dos camarões, refogue o alho-poró cortado em juliana, o abacaxi escorrido e cortado em cubinhos e as lichias. Adicione o vinho branco e o creme de leite, corrija o tempero e deixe cozinhar dez minutos. Junte os camarões, polvilhe generosamente com coentro picado e sirva bem quente.

SUGESTÃO:

Para evitar o sal, introduza no prato várias ervas aromáticas frescas, como coentro, hortelã, cebolinha, salsinha etc., substitua o vinho por água e suco de limão, e o creme de leite por creme de leite de soja ou iogurte desnatado.

Caldereta de lagosta

Em um pilão, soque um dente de alho, alguns fios de açafrão e seis ou sete fatias pequenas de pão torrado e esmagado com amêndoas torradas e reserve. Faça um refogado com cebola, alho e a folha de louro e, em seguida, coloque o pimentão. Quando esses ingredientes estiverem murchos, junte o tomate, deixe apurar e, então, despeje o cálice de *brandy*. Cozinhe mais um pouco e junte a cabeça da lagosta partida ao meio. Deixe ferver e junte água suficiente para cozinhar a cabeça. À parte, corte o corpo da lagosta (com a casca) em rodelas e reserve. Deixe a cabeça da lagosta cozinhar muito bem, acrescentando mais água sempre que necessário. Junte um pouco desse caldo à mistura que foi preparada no pilão, dilua bem e coloque na vasilha em que estiver cozinhando a cabeça da lagosta. Então, junte os pedaços do corpo da lagosta e cozinhe por mais dois ou três minutos.

Azeite
Alho e cebola muito bem picados
1 tira de pimentão verde picada
1 folha de louro
3 tomates pelados, sem sementes e picados
Alguns filamentos de açafrão
12 amêndoas torradas e sem pele
5 ou 6 fatias de pão torrado
1 cálice de brandy
1 lagosta grande ou 2 pequenas

Para cozinhar bem frutos do mar

A lagosta e o lagostim devem ser cozidos em água quente e a fervura não deve demorar mais de 15 a 17 minutos.

A proporção de sal, embora difícil de calcular porque depende do tamanho do crustáceo, pode ser calculada da seguinte forma: 220 g de sal para 2½ litros de água.

Caranguejos, *centolla* e siris são colocados em água fria e a fervura não deve ir além de 20 minutos, exceto no caso de caranguejos gigantes, que devem ferver durante 27 minutos e com o sal na proporção indicada.

O camarão é colocado em água fervente por apenas cinco minutos. O sal, neste caso, pode ser na proporção indicada ou a gosto.

Carnes

Carnes

Atualmente – e digo atualmente porque muitos estudos recentes têm invalidado algumas crenças a respeito de alimentação –, a carne de vaca, chamada carne vermelha, é considerada a menos indicada para as refeições diárias por ser a mais gorda e a que menos bem faz à saúde. Também ficou provado que, ao contrário do que se pensava, a carne de porco magra faz menos mal que a de vaca, por ter menos gordura.

Se não houver restrições médicas, sou a favor de que se coma de tudo, com parcimônia e de vez em quando. Mas lembro àqueles que gostam mais de carne do que de peixe que há inúmeras opções mais saudáveis que a vermelha, que vão do frango à galinha, ao peru, ao coelho, ao cabrito, sem falar nas carnes de caça.

Alhada de cabrito

1½ kg de cabrito
Fígado do cabrito
1 cabeça de alho
1 colher de chá de orégano
50 g de miolo de pão
½ xícara chá de água
100 ml de azeite
1 colher de sopa de colorau
2 pimentões vermelhos
1½ colher de sopa de vinagre
Sal
Pimenta-do-reino

Corte a carne em pedacinhos pequenos e esfregue-os com sal e pimenta-do-reino. Coloque o azeite em uma frigideira grande e, quando estiver quente, junte a carne e frite-a até estar bem dourada. Em seguida, prepare uma pasta esmagando no pilão os pimentões, o orégano, os dentes de alho, o colorau, o miolo de pão embebido em vinagre e o fígado do cabrito bem fritinho. Esmague bem todos estes ingredientes até formarem uma pasta. Então, dilua esta pasta em um copo de água e misture ao molho da fritura, mexendo bem para ligar e ficar grosso. Sirva muito quente com batatas fritas em palitos e uma boa salada fresca.

SUGESTÃO:

Pode juntar também 1 maçã verde ralada, que dará ao molho um toque ligeiramente ácido.

Cabritinho assado da minha avó

Esfregue o cabrito com uma massa preparada com os dentes de alho amassados, o sal, a banha, a margarina, o colorau, as pimentas vermelhas, o louro, e recheie-o com uma massa feita com os miúdos, o lombo de porco, a salsinha, uma pitada de noz-moscada e as azeitonas. Costure a barriga do cabrito e leve-o para assar com um pouco mais de gordura e a casca de limão, e regado com o vinho do Porto e um pouquinho de água. Enquanto o cabrito estiver assando, regue-o várias vezes com o molho que for soltando, até ficar bem douradinho.

1 cabrito com cerca de 3 kg
Miúdos do mesmo cabrito
500 g de lombo de porco
2 colheres de sopa de banha de porco
2 colheres de sopa de margarina
1 colher de colorau
3 pimentas vermelhas
2 dentes grandes de alho
1 folha de louro
1 cálice de vinho do Porto
Salsinha
Casca de limão
Azeitonas
Noz-moscada
Sal

SUGESTÃO:

Sirva com batatas fritas em pedaços pequenos, arroz branco e couve cozida.

Perna de carneiro com iogurte e cardamomo

1 perna de carneiro
1 colher de sopa de cardamomo
1 dente de alho
4 maçãs verdes pequenas e inteiras
2 embalagens de iogurte natural
2 colheres de sopa de azeite
1 ramo de alecrim
Sal
Pimenta-do-reino

Faça um corte de cada lado da perna do carneiro e esfregue-a toda com uma massa feita com o sal, o cardamomo esmagado, a pimenta-do-reino em grão esmagada, os dentes de alho picados finamente e o iogurte, de modo que fique bem untada e por igual. Coloque a perna em uma travessa refratária, regue-a com o azeite, disponha em volta as maçãs lavadas, mas com a casca, e espalhe o alecrim. Leve ao forno, previamente aquecido a 160 °C, e deixe cozinhar, lentamente, cerca de três horas. Se necessário, regue com pequenas porções de vinho branco ou de cerveja e cubra com papel-alumínio.

Indicações:

Para que a carne fique ainda mais macia, coloque no fundo do forno um recipiente com água, para que a carne vá assando com umidade. A perna de carneiro pode, ainda, ser substituída por uma boa perna de peru, para proceder da mesma forma.

Rins de carneiro com vinho Madeira

Abra os rins ao meio, limpe-os muito bem, retirando todas as veias, e tempere-os com sal e pimenta-do-reino e com os dentes de alho em fatias. Feito isso, cubra-os com o leite e deixe repousar pelo menos duas horas. Em seguida, escorra-os bem e leve-os para fritar na gordura com o alho. Junte o vinho Madeira e a salsinha picada e deixe que fritem apenas alguns segundos. Sirva-os bem quentes, de preferência com arroz branco bem soltinho.

12 rins de carneiro
4 colheres de sopa de azeite ou de manteiga
1 colher de sopa de salsinha picada
1 copo de vinho Madeira
2 dentes de alho
Leite
Pimenta-do-reino
Água
Sal

Indicação:

Pode substituir os rins de carneiro por rins de porco, que são muito mais acessíveis, e introduzir o suco de dois limões na marinada. O segredo para os rins ficarem macios é que devem ser cozidos bem rapidamente.

Carneirinho de azeite alentejano

½ carneirinho
4 dentes de alho
200 ml de azeite
2 pimentas vermelhas
Pimenta-do-reino em grãos
Sal grosso

Corte o carneirinho em pedaços pequenos e besunte-o com uma pasta feita com os dentes de alho socados, o sal grosso, a pimenta-do-reino e as pimentas vermelhas, deixando ficar neste tempero por algumas horas. Em seguida, coloque os pedaços em uma frigideira, regue-os com o azeite, tampe e leve ao fogo muito brando. Mantendo a frigideira tampada, sacuda-a várias vezes, até o suco ter desaparecido e o carneirinho estar dourado.

Caldeirada de carneiro

1½ kg de carne de carneiro sem osso
1 pimentão verde
3 cebolas médias
2 tomates
10 colheres de sopa de azeite
1 cabeça de alho
1 ramo de salsa
2 folhas de louro
1 ramo de coentro
2 galhinhos de hortelã
2 pimentas vermelhas
1 maçã verde grande
1 copo de vinho branco
Água
Sal

Parta a carne em pedaços iguais, coloque-os em uma panela funda, cubra-os apenas com água fria e sal e leve ao fogo. Durante a fervura, retire a espuma que vai se formando e junte os tomates pelados, o pimentão picado grosseiramente, as cebolas cortadas em pedaços grandes, as pimentas vermelhas, as folhas de louro, a cabeça de alho, a salsinha, coentro e a hortelã picados grosseiramente e a maçã verde descascada e cortada em pedacinhos. Acrescente o azeite e deixe cozinhar em fogo brando até a carne apresentar-se tenra, e, durante o cozimento, regue com o vinho branco. Quando a carne estiver tenra, retire-a do molho, pique-a e reserve, e triture todos os ingredientes restantes para fazer um molho grosso. Em seguida, coloque a carne novamente no molho, junte duas colheres de sopa de coentro picado e deixe apenas levantar fervura. Sirva bem quente, com torradinhas de pão fritas em óleo ou azeite e com batatas cozidas e cortadas em rodelas grossas.

INDICAÇÃO:

Se juntar ao carneiro 1 ou 2 maçãs verdes inteiras, estas retirarão o sabor forte que por vezes se mantém, o chamado "bodum".

Perna de carneiro à D. Gertrudes

1 perna de carneiro
100 g de farinha de trigo
150 ml de água fria
1 ovo
3 dentes de alho
Azeite
Pimenta-do-reino moída na hora
Sal

Limpe bem a perna de carneiro, unte-a muito bem com uma pasta feita com os dentes de alho amassados, o sal, a pimenta-do-reino e o azeite e regue com um pouco mais de azeite. Faça uma massa grossa com a farinha, a água e o ovo, espalhe-a nos dois lados da perna de carneiro e, em seguida, leve-a para assar em forno brando, para não queimar a cobertura, que deve ficar uma crosta crocante. Sirva-a cortada em fatias e com acompanhamento a gosto.

Costeletas de carneiro com compota de cebola

Tempere as costeletas com sal, pimenta--do-reino e alecrim, regue com o azeite e o vinho do Porto e deixe marinar por cerca de duas horas. Em seguida, faça a compota: corte as cebolas e as maçãs em meias-luas muito finas, regue com o azeite e o uísque, tempere com o sal, a pimenta-do-reino e o açúcar e leve para cozinhar em fogo muito brando até os ingredientes estarem quase desfeitos; então, bata com o *mixer*, formando um purê. Em seguida grelhe as costeletas em fogo forte e por tempo suficiente para ficarem douradas, mas não bem passadas. Coloque-as em um prato, regue-as com a marinada, previamente reduzida em fogo brando, e sirva com a compota e raminhos de alecrim para enfeitar.

1½ kg de costeletas pequenas de carneiro
1 ramo de alecrim
200 ml de vinho do Porto
400 ml de azeite
Sal
Pimenta-do-reino

Para a compota de cebola:
300 g de cebolas
200 g de maçãs Golden
200 ml de uísque
150 ml de azeite
1 colher de sopa de açúcar
Sal
Pimenta-do-reino

Ensopado de carneiro

PARA SEIS A OITO PESSOAS

2 kg de costeletas e de lombo de carneiro
5 colheres de sopa de banha
500 g de cebola cortada em rodelas finas
4 dentes de alho fatiados
1 folha de louro
10 grãos de pimenta-do-reino
½ litro de água fervente
Pão português
Alface cortada em juliana muito fina temperada com azeite, vinagre, coentro e hortelã picados
Farinha de trigo
Sal
Vinagre de vinho

Corte o carneiro em pedaços pequenos, envolva-os em farinha e leve para dourar em três colheres de sopa de banha. À parte, doure ligeiramente na banha restante a cebola, os dentes de alho, o louro e a pimenta-do-reino. Em seguida, junte a carne bem douradinha, regue com a água fervente e deixe levantar fervura. Então, tempere com sal e adicione um pouco de vinagre de vinho. Para servir, coloque em uma terrina fatias de pão português amanhecido, regue-as com o caldo e disponha a carne por cima. Sirva bem quente, acompanhado da salada de alface em juliana.

Lombo de porco em molho de leite

Tempere o lombo com sal e pimenta-do-reino e leve para cozinhar no leite até ficar bem macio. Então, escorra-o e passe-o primeiro na farinha de rosca, depois nos ovos batidos e, por último, pela farinha de rosca misturada com queijo. Aqueça o óleo em uma frigideira grande e frite o lombo empanado até dourar por igual. Sirva-o cortado em fatias e acompanhado de batatas fritas e purê de maçã.

1½ kg de lombo de porco
1½ litro de leite
3 ovos
2 colheres de sopa de queijo ralado
50 g de manteiga
2 colheres de sopa de óleo ou azeite
Farinha de rosca
Sal
Pimenta-do-reino

SUGESTÃO:

Experimente cortar cebolas grandes em rodelas, temperá-las com sal e pimenta-do-reino, passá-las em farinha de trigo e fritá-las em óleo bem quente.

Pernil de porco defumado com repolho

1 pernil de porco defumado
1 repolho
1 cebola picada
50 ml de azeite
2 dentes de alho amassados e picados
2 tomates bem maduros
1 folha de louro
1 ramo de salsinha
1 ramo de tomilho
1 cravo-da-índia
Água
Sal grosso e sal refinado
Pimenta-do-reino

De véspera, cubra o pernil com água e deixe-o de molho até o dia seguinte, mudando a água duas vezes. Então, cozinhe-o em água fervente durante 15 minutos, escorra-o, lave-o em água corrente. Leve-o novamente para cozinhar em água temperada com sal por mais ou menos duas horas. Em seguida, em uma panela grande, de fundo grosso, refogue a cebola picada, o alho, o louro, as ervas aromáticas e o cravo e deixe cozinhar até a cebola ficar transparente. Junte os tomates picados e sem pele. Quando o tomate se desmanchar, introduza as folhas de repolho cortadas ao meio e deixe cozinhar em fogo brando até ficarem macias. Acrescente então o pernil já cozido, tempere com sal grosso e pimenta-do-reino e junte um pouco de água fervente, se necessário. Cozinhe mais ou menos 30 minutos e sirva acompanhado de arroz branco ou batatas cozidas.

Leitão assado

½ leitão pequeno, com cerca de 3,5 kg inteiro
1 colherada de banha de porco
1 copo de água
1 colherada de sal

Aqueça o forno a 150 ºC. Coloque no fundo de uma travessa de barro três ou quatro colheres de pau, formando um suporte para o leitão. Então, coloque-o com a pele voltada para baixo, de modo que fique bem apoiado nas colheres e não toque no fundo da travessa. Dilua o sal na água e pincele o interior do leitão. Leve a travessa ao forno e pincele de novo a cada 15 minutos. No fundo da travessa, antes de levá-la ao forno, coloque um pouco de água com sal, assim o líquido que for se desprendendo do leitão não queimará. Depois de uma hora, vire o leitão com a pele para cima, pincelando-o com a água salgada a cada dez minutos. Deixe assar durante mais uma hora, mas cubra as orelhas e o rabinho com papel-alumínio para que não queimem. À parte, derreta a banha, pincele generosamente o leitão e mantenha-o no forno mais meia hora – no total, ele ficará no forno por duas horas e meia. A pele deve ficar tão quebradiça a ponto de ser "cortada com um prato" – como se diz na Bairrada – e não com uma faca. Sirva com batatas fritas em rodelas e uma boa salada verde.

Orientação:

Para que a pele do leitão fique quebradiça, não o pincele com o líquido que se soltar enquanto ele estiver assando.

Pezinhos de coentrada

4 pés de porco
1 maço de coentro
1 cebola grande
4 dentes de alho
2 folhas de louro
2 colheres de sopa de farinha de trigo
3 colheres de sopa de vinagre
Água
Azeite
Sal

Lave e limpe os pés de porco, raspe-os muito bem e leve para cozinhar em panela de pressão com água e sal durante 15 minutos. À parte, com um fio de azeite, refogue a cebola picada, os dentes de alho picados e amassados e as folhas de louro. Em seguida, junte os pezinhos e um pouco da água do cozimento. Dilua a farinha em um pouco de água fria e de vinagre e junte ao refogado, deixando cozinhar até engrossar o molho. Então, adicione o coentro picado e sirva com fatias de pão frito.

"Burras" assadas

Limpe muito bem as "burras". Em seguida, besunte-as com uma pasta feita com os dentes de alho, o coentro, a pimenta-do-reino, o sal, o azeite ou a banha e o vinho branco, e deixe-as neste tempero de um dia para o outro. No dia seguinte, coloque-as em uma travessa refratária, regue com um pouco mais de vinho branco e de água e leve ao forno para assar. Durante o processo, vire-as e regue-as várias vezes com o molho que se desprender.

4 queixadas de porco (bochechas)
3 dentes de alho
1 maço grande de coentro
1 copo grande de vinho branco
Azeite ou banha
Sal
Pimenta-do-reino moída na hora

Contrafilé no forno

1 kg de contrafilé
4 dentes de alho
1 colher de sopa de massa de pimentão
1 copo grande de vinho branco
50 ml de azeite de boa qualidade
1 folha de louro
2 pimentas vermelhas (opcional)
Sal

Parta o contrafilé em pedaços médios, tempere com uma pasta feita com os dentes de alho amassados, o sal, o pimentão, o azeite, o louro, as pimentas vermelhas e o vinho branco, e deixe-o neste tempero de um dia para o outro. No dia seguinte, ponha o contrafilé em uma forma refratária e leve-o ao forno para assar. Se tiver de aumentar o molho, pode acrescentar mais um pouco de vinho branco ou água. Sirva acompanhado de arroz de coentro, migas de batata ou batatas fritas cortadas em quatro.

Lombo de vaca com cogumelos secos

1 lombo de vaca
1 embalagem grande de cogumelos secos
1 copo de xerez
Manteiga ou margarina
Sal
Pimenta-do-reino socada

Lave os cogumelos, pique-os no processador de alimentos e coloque-os no xerez. Tempere o lombo com o sal e a pimenta-do-reino socada e cubra-o completamente com os cogumelos picados. Leve ao fogo uma frigideira grande, despeje um fio de óleo e, quando estiver bem quente, doure o lombo por igual. Retire-o da frigideira, coloque-o em uma travessa refratária com algumas bolinhas de manteiga ou margarina. Leve-o ao forno, preaquecido a 250 °C, durante sete a dez minutos, conforme sua preferência por carne ao ponto ou bem passada.

Mãozinhas de vitela à minha maneira

2 mãos de vitela partidas e lavadas
½ linguiça defumada
1 cebola grande picada
2 dentes de alho amassados
2 pimentas vermelhas
50 ml de azeite
1 folha de louro
1 tira grossa de toucinho
1 lata de ervilhas
1 embalagem de cenourinhas
4 batatas
1 maço de coentro
1 maço de hortelã
1 tablete de caldo de carne
Água o quanto baste
Sal

Cozinhe as mãozinhas de vitela na panela de pressão. Quando estiverem bem macias, retire-as, parta-as em pedacinhos e reserve o caldo. Em seguida, prepare um refogado com a cebola, os dentes de alho, a folha de louro, as pimentas vermelhas, o azeite, a tira de toucinho e alguns ramos de coentro e de hortelã. Quando a cebola estiver murcha, adicione as mãozinhas, misture-as no refogado e adicione as ervilhas, as cenouras, o caldo de carne e um pouco do caldo reservado. Deixe cozinhar, mexendo para não pegar no fundo da panela, adicione o coentro e a hortelã restantes, e, pouco a pouco, acrescente mais caldo. Adicione as batatas descascadas em quatro, corrija o tempero e deixe cozinhar em fogo brando até as batatas ficarem macias. Em seguida, corte a linguiça em rodelas fininhas e frite bem em frigideira apenas untada com um pouco de azeite. Coloque a linguiça frita sobre as mãozinhas e sirva.

Cordeiro assado com tomilho e alecrim

Misture o sal e a água em uma tigela, junte o tomilho picado e, com a haste de alecrim, pincele bem o cordeiro. Então, coloque-o em uma travessa refratária com a pele voltada para baixo e sem tocar o fundo, como indicado na receita de *Leitão assado*. Coloque um pouco de água com sal no fundo da travessa e leve-a ao forno, a 150 °C, durante 30 minutos. A cada 15 minutos, pincele o cordeiro com água e sal e regue o fundo da travessa, a fim de que os sucos não se percam. Vire o cordeiro, pincele-o com a banha derretida e leve-o de novo ao forno, deixando por mais 45 minutos. Aumente a temperatura para 250 °C e mantenha o cordeiro no forno até que a pele fique dourada. Retire do forno, regue o fundo do travessa com mais um pouco de água e sal para desprender os sucos e formar o molho, e sirva imediatamente, com acompanhamento a gosto.

½ cordeiro cortado em dois quartos
1 colher de banha de porco
1 ramo de tomilho
1 galho de alecrim
2 copos de água
Sal

SUGESTÃO:

Pode substituir a banha de porco por azeite e até por margarina.

Coelho ao coentro

1 coelho
3 dentes de alho
4 colheres de sopa de azeite
1 maço de coentro
1 colher de sopa de vinagre balsâmico
Margarina ou azeite
Sal

Tempere o coelho com uma pasta feita com dois dentes de alho amassados com o sal e a margarina ou o azeite. Leve-o ao forno, previamente aquecido a 200 °C, até assar e dourar. Desfie a carne do coelho, disponha-a em uma travessa e regue-a com um molho feito com azeite, o dente de alho restante picado, uma colher de sopa de vinagre balsâmico e coentro picado.

Coelho na cataplana

Parta o coelho em pedaços e coloque-o na cataplana com o louro, os dentes de alho amassados, o alecrim, o sal e a pimenta-do-reino. Regue com o azeite e o vinho branco, tampe a cataplana e cozinhe em fogo médio durante 15 minutos de um lado e 15 minutos do outro, ou até a carne do coelho estar macia. Sirva diretamente na cataplana, acompanhado de batatas fritas em rodelas grossas.

1 coelho
4 dentes de alho
100 ml de azeite
1 ramo de alecrim
1 folha de louro
1 copo de vinho branco
Sal
Pimenta-do-reino

Frango com passas e molho de pera

2 peitos de frango inteiros com pele

2 cebolas

2 peras frescas e pouco maduras

1 colher de sopa de uvas-passas

1 copo de conhaque, aguardente de pera ou xerez

1 xícara de caldo de frango

1 embalagem de peras pequenas em calda

Vinagre balsâmico ou xerez

Azeite

Sal

Açúcar

Pimenta-do-reino

Como acompanhamento:

4 batatas grandes cortadas em rodelas finas

Em uma frigideira com um fio de azeite, doure o frango de ambos os lados e reserve. Na mesma frigideira, com um pouco mais de azeite, despeje as cebolas cortadas em meias-luas e deixe cozinhar durante alguns minutos. Tempere com sal e pimenta-do-reino e junte as duas peras frescas cortadas em pedacinhos. Cozinhe por mais alguns minutos, até as peras ficarem macias, acrescente as passas e um pouco de conhaque e ateie fogo. Cozinhe mais uns minutos, regue com o caldo de frango e introduza os dois peitos, deixando que cozinhem por mais dez minutos. Em seguida, espalhe as batatas em uma travessa refratária, tempere-as com sal e pimenta-do-reino, regue-as com um fio de azeite e leve-as ao forno até ficarem macias e ligeiramente douradas. Retire os peitos de frango da frigideira e reserve. Despeje o molho no copo do liquidificador e bata até que fique liso e macio. Em uma frigideira à parte, despeje duas colheres de sopa de açúcar, duas colheres de sopa de vinagre e as peras em calda escorridas, deixando-as caramelizar. Sirva os peitos de frango inteiros, regados com o molho e acompanhados das batatas e das peras caramelizadas.

Frango à Brás

1 potinho de sobras de frango assado desfiadas grosseiramente
1 pacote grande de batata palha
2 colheres de sopa de cebola bem picada
2 dentes de alho socados
2 colheres de sopa de azeite
4 colheres de sopa de leite
8 ovos
Azeitonas para enfeitar
Salsinha picada
Sal
Pimenta-do-reino

Desfie o frango grosseiramente e reserve. Leve uma frigideira ao fogo com o azeite e deixe a cebola e os dentes de alho ficarem transparentes. Junte o frango desfiado e cozinhe-o por alguns minutos. Acrescente metade da batata palha e misture bem. Em uma tigela à parte, bata bem os ovos, acrescente quatro colheres de sopa de leite, tempere com sal e pimenta-do-reino e despeje na frigideira. Deixe cozinhar até que os ovos adquiram a consistência desejada e, então, junte a batata palha restante e a salsinha picada e misture bem. Despeje em uma travessa, enfeite com azeitonas e sirva com uma boa salada verde.

Frango assado guloso

1 frango
1 farinheira
1 limão
4 dentes de alho
2 pimentas vermelhas
1 colher de sopa de banha
1 colher de sopa de margarina
1 maço de coentro
2 folhas de louro
200 ml de vinho branco
1 kg de batatinhas
2 ou 3 ramos de tomilho
Azeite
Sal grosso e sal refinado
Pimenta-do-reino

Abra o frango pelo peito, espalme-o, lave-o, enxugue-o e esfregue-o com o limão. Tire a pele da farinheira e triture-a no processador de alimentos com as pimentas vermelhas, os dentes de alho e o coentro. Junte esse preparado com a banha, a margarina, o sal e a pimenta-do-reino, formando uma pasta, besunte todo o frango e deixe pegar o tempero por cerca de três horas. Coloque o frango em uma travessa refratária com a abertura para baixo, regue-o com o vinho branco e leve-o ao forno com o próprio molho. Enquanto o frango estiver assando, lave as batatas, escorra-as e coloque-as em uma assadeira. Tempere as batatas com sal grosso, regue-as com azeite e, por cima, espalhe raminhos de tomilho e duas folhas de louro, se gostar, e leve ao forno, a 180 °C, até ficarem macias. Quando o frango estiver praticamente pronto, junte as batatas assadas com o molho e deixe acabar de cozinhar mais cinco minutos ou até o frango estar bem douradinho. Retire do forno e sirva com uma boa salada.

Frango com ervilhas

1 frango grande
125 g de toucinho
50 ml de azeite
25 g de farinha
½ litro de caldo de galinha
12 cebolinhas
1 kg de ervilhas sem casca (congeladas)
1 bom maço de coentro
1 maço de hortelã
Sal
Pimenta-do-reino

Lave o frango e parta-o em pedaços médios. Leve ao fogo uma panela com o toucinho cortado em cubos, as cebolinhas e o azeite e cozinhe até o toucinho e as cebolinhas dourarem. Retire-os da panela e, na gordura que ficou, frite os pedaços de frango até dourarem por igual, retirando-os em seguida. Nessa mesma gordura despeje a farinha e, em fogo brando, mexa com uma colher de pau até que a farinha fique dourada. Então, acrescente o caldo e, sem parar de mexer, deixe ferver até a farinha cozinhar. Acrescente os pedaços de frango, o toucinho e as cebolinhas previamente dourados, junte as ervilhas e os ramos de ervas aromáticas, tampe a panela e deixe ferver durante cerca de 35 minutos a partir da ebulição em fogo bem forte.

Frango no sal

1 frango
Pimenta-do-reino
1 folha de louro
1 ramo de alecrim
500 g de sal grosso
500 g de farinha de trigo
Cerca de 250 ml de água
Alho em pó
Sal

Limpe o frango, separando os miúdos, e tempere-o com sal, pimenta-do-reino, alecrim, alho em pó e louro e amarre as pernas do frango com um fio. Prepare uma massa com o sal grosso, a farinha de trigo e a água e cubra completamente o frango. Leve-o ao forno preaquecido a 160 °C por cerca de uma hora e meia ou até a crosta que se formar estar completamente seca. Retire do forno, corte a crosta ao meio com uma faca serrilhada e leve à mesa, quando, então, a crosta deverá ser completamente partida. Corte o frango e sirva com arroz refogado com os miúdos e uma boa salada verde.

Franguinho assado da minha casa

1 frango médio
1 limão
4 dentes de alho
1 ou 2 pimentas vermelhas
Manteiga
Sal
Azeite

Lave bem o frango, chamusque-o, seque-o e besunte-o com uma pasta feita com o sal, as pimentas vermelhas, os dentes de alho amassados e um pouco de azeite. Coloque-o em uma assadeira e, com a ajuda de um garfo, introduza na abertura um limão picado. Coloque pedacinhos de manteiga por cima e em volta do frango, regue com um fio de azeite e leve ao forno, previamente aquecido a 200 ºC, deixando assar até que a pele fique quebradiça. De vez em quando, abra o forno e regue o frango com borrifos de água e com o molho que for se formando. Sirva acompanhado de batatas fritas, arroz soltinho e uma boa salada.

Franguinhos de leite recheados com farinheira

4 franguinhos de leite
4 farinheiras
2 dentes de alho
2 limões
2 pimentas vermelhas
Margarina
Azeite
Sal grosso

Prepare uma pasta com os dentes de alho amassados, as pimentas vermelhas, o sal e o azeite. À parte, amasse bem as farinheiras sem pele, recheie cada franguinho, costure as aberturas e esfregue o exterior de cada ave com a pasta feita com os dentes de alho. Coloque os franguinhos em uma assadeira, disponha pedaços de margarina em volta deles e leve-os ao forno. Regue-os com o suco dos limões e deixe que assem até ficarem dourados. Se secarem muito, regue-os com um pouco de água fria. Sirva com acompanhamento a gosto, podendo ser um bom purê de batatas e legumes cozidos.

Fricassê de galinha

1 galinha caipira
2 gemas
1 cebola média
2 dentes de alho
Banha de porco
Suco de 1 limão
Salsa
Sal
Pimenta-do-reino moída na hora

Limpe bem a galinha e corte-a em pedaços. Faça um refogado com a banha, a cebola e os dentes de alho bem picados, deixe dourar um pouco e junte os pedaços da galinha. Tempere com sal e pimenta-do-reino moída na hora. Deixe refogar um pouco e vá colocando água aos poucos para fazer um bom molho. Em seguida, bata as gemas com o suco de limão e a salsa picada. Quando a galinha estiver bem cozida, pegue uma concha do molho e junte as gemas batidas, misturando bem. Despeje a mistura na panela e deixe cozinhar mais alguns minutos, mas sem ferver para não talhar o molho. Sirva com arroz branco ou com purê de batatas e azeitonas para enfeitar.

Galinha ou frango com ervilhas

1 galinha ou frango
2 kg de ervilhas descascadas
1 cebola grande picada
2 dentes de alho amassados e picados
1 folha de louro
50 ml de azeite
1 colher de açúcar
1 punhado de coentro
1 punhado de hortelã
Sal

Lave e corte a ave em pedaços pequenos. Prepare um bom refogado com o azeite, a cebola e os dentes de alho picados, o louro e um pouco de coentro, deixe dourar e junte os pedaços da galinha ou do frango, previamente temperados com sal. Refogue o suficiente para a carne tomar cor, vá colocando água pouco a pouco e, quando estiver macia, acrescente as ervilhas. Então, tempere com o açúcar e junte um galhinho de hortelã. Cubra com água fervente e deixe cozinhar o suficiente para as ervilhas ficarem tenras. No final, acrescente mais alguns galhinhos de hortelã.

Perdizes do Convento de Alcântara

4 perdizes
1 lata de foie gras
1 lata de trufas em vinho do Porto
2 garrafas de vinho do Porto
Sal
Pimenta-do-reino

Depois de limpas e lavadas, retire os ossos do peito das perdizes, tempere-as com sal e pimenta-do-reino e recheie-as com o *foie gras* misturado com parte das trufas cortadas em pedacinhos. Coloque-as em um recipiente fundo, cubra completamente as perdizes recheadas com o vinho do Porto, tampe e deixe marinar durante três dias. Passado este tempo, leve as perdizes para cozinhar no próprio vinho, até ficarem bem macias. Então, retire as perdizes e deixe o molho reduzir à metade e acrescente as trufas restantes cortadas em lâminas finas. Cerca de dez minutos antes de servir, cubra as perdizes com o molho e deixe aquecer em fogo brando.

SUGESTÃO:

Se quiser, tempere os miúdos das perdizes com sal e pimenta-do-reino, salteie-os em um pouco de manteiga, passe no processador e misture ao *foie gras* e às trufas para fazer o recheio.

Perdizes cozidas à alentejana

4 perdizes
200 ml de azeite
4 cebolas
4 dentes de alho
2 folhas de louro
250 ml de água
150 ml de vinho branco
1 ramo de salsinha
1 ramo de coentro
2 folhas de hortelã
Pão português
Sal
Pimenta-do-reino
Banha ou óleo para fritar o pão

Leve ao fogo uma panela com o azeite, as cebolas cortadas em meias-luas finas, o louro, os dentes de alho amassados e as perdizes. Tempere com sal e pimenta-do-reino e regue com a água e o vinho branco. Deixe cozinhar em fogo médio até as perdizes ficarem macias, com a carne soltando dos ossos. Corrija o tempero e reserve. Corte fatias de pão, frite-as em banha ou em óleo e forre com elas uma travessa funda. Coloque as perdizes sobre as fatias de pão frito, regue com o molho e polvilhe com os temperos verdes picados.

Perdizes na cataplana

Parta as perdizes em pedaços pequenos e reserve. Em uma cataplana funda, coloque metade da cebola cortada em rodelas, as perdizes, o restante da cebola, o tomate cortado em rodelas, os dentes de alho amassados, os pimentões cortados em fatias, a folha de louro, o coentro, o orégano, as pimentas vermelhas, o sal e a pimenta-do-reino. Regue com o azeite e com a cerveja, tampe a cataplana e leve para cozinhar em fogo forte durante 20 minutos sem abrir a panela.

2 perdizes
1 cebola grande
2 dentes de alho
1 pimentão verde
1 pimentão vermelho
1 tomate
1 folha de louro
1 ramo de coentro
1 colher de sopa de orégano seco
½ copo de azeite
1 cerveja
2 pimentas vermelhas secas
Sal
Pimenta-do-reino

Codornas com vinho do Porto

4 codornas
1 copo de vinho do Porto
2 dentes de alho
6 grãos de pimenta-do-reino
3 colheres de sopa de azeite
3 cenouras
3 cebolas pequenas
1½ litro de caldo de galinha
2 ramos de alecrim
Sal

Lave, limpe e chamusque as codornas. Coloque-as em uma forma refratária e cubra-as com uma marinada feita com o vinho do Porto, os dentes de alho, os grãos de pimenta-do-reino, o azeite, as cebolas cortadas em quatro partes, as cenouras cortadas em palitos, o sal, os grãos de pimenta-do-reino e o alecrim e deixe-as nesta marinada por duas horas, no mínimo. Então, leve-as ao fogo, com a marinada, até abrir fervura. Cubra-as com o caldo de galinha e deixe que cozinhem até ficarem bem tenras, com a carne soltando dos ossos. Separe as codornas, passe o molho pelo coador chinês ou por uma peneira fina, coloque-as novamente no molho e leve ao fogo para cozinhar por mais cinco minutos. Sirva-as sobre fatias de pão fritas, cobertas com o molho e acompanhadas de purê de batatas ou de arroz branco.

Codornas fritas com migas de batata

Tempere as codornas com sal, pimenta-do-reino, alho picado, salsinha picada e uma folha de louro. Regue com vinho branco e deixe nesta marinada pelo menos uma hora. Em seguida, para as migas, cozinhe as batatas em água e sal, escorra-as e amasse-as, formando um purê. Em uma frigideira, coloque as rodelas de linguiça defumada, o toucinho, os dentes de alho picados, a folha de louro e o azeite. Em fogo brando, deixe fritar a linguiça, o toucinho e os dentes de alho. Retire tudo com uma escumadeira, junte a batata misturada com o pimentão e deixe fritar um pouco até se formar uma bola de migas. Reserve quente. Retire as codornas da marinada, passe-as pela farinha de trigo, depois pelos ovos batidos e finalmente pelo farinha de rosca e frite-as em óleo bem quente. Coloque as codornas em um prato e, ao lado, disponha as migas de batata enfeitadas com a linguiça e o toucinho frito.

4 codornas
1 folha de louro
100 ml de vinho branco seco
2 ovos
100 g de farinha de trigo
100 g de farinha de rosca
Salsinha picada
Ramos de tomilho
Alho
Óleo
Sal
Pimenta-do-reino o quanto baste

Para as migas de batata:
1 linguiça defumada cortada em rodelas finas
150 g de toucinho cortado em fatias finas
500 g de batatas
2 dentes de alho
2 colheres de sopa de azeite
2 colheres de sopa de massa de pimentão caseira
1 folha de louro
Água
Sal

Codornas no forno

4 codornas
8 fatias finas de bacon
1 latinha de patê de fígado
1 dente de alho
4 colheres de sopa de margarina
1 colher de sopa de azeite
1 cálice de aguardente
Sal
Pimenta-do-reino

Lave, limpe e chamusque as codornas. Recheie-as com a pasta de fígado, tempere-as com alho, sal e pimenta-do-reino e enrole-as nas fatias de *bacon*. Coloque-as em uma assadeira com a margarina e o azeite e leve-as ao forno para assar. Quando estiverem douradas, regue-as com borrifos de aguardente. No molho que se formar, despeje os miúdos das codornas e deixe-os cozinhar. Finalmente, retire-as da assadeira e desengordure o molho com o resto da aguardente e um pouco de água, se necessário. Sirva as codornas com pedaços de limão e purê de batatas.

Rolo de carne moída

350 g de carne de vaca moída
350 g de carne de porco moída
2 ovos
2 colheres de sopa de salsinha picada
1 colher de sopa de queijo ralado
1 colher de sopa de cebola picada
1 dente de alho ralado
Miolo de 2 pães amolecidos em leite
Tiras de toucinho
Manteiga
Farinha de rosca
Sal
Pimenta-do-reino

Misture as carnes com os ovos, a salsinha picada, o miolo de pão amolecido, o queijo ralado, a cebola e o alho, o sal e a pimenta-do-reino. Misture tudo muito bem, forme um rolo, polvilhe-o com farinha de rosca e envolva-o em tirinhas finas de toucinho. Coloque-o em uma assadeira e leve ao forno, preaquecido a 170 ºC, coberto com pedacinhos de manteiga. Enquanto o rolo estiver assando, regue-o de vez em quando com o líquido que se soltar. Quando estiver assado, retire-o do forno e deixe esfriar um pouco para, então, cortar em fatias (do contrário elas se quebrarão).

SUGESTÃO:

Pode preparar este mesmo rolo utilizando apenas um tipo de carne e juntando à mistura 1 ou 2 rodelas de linguiça defumada. E se quiser um sabor especial, borrife-o com um pouco de vinagre de boa qualidade.

Almôndegas da minha casa

500 g de carne de vaca moída
250 g de carne de porco moída
3 dentes de alho bem picados e amassados
1 raminho de coentro picado
50 g de miolo de pão amolecido em leite
1 ovo inteiro
Sal
Farinha de trigo
Azeite

Para o refogado:
1 cebola grande picada
2 dentes de alho picados e amassados
50 ml de azeite
1 ramo de coentro
1 pimenta vermelha
2 tomates pequenos picados grosseiramente
Água
Sal

Em uma tigela, misture muito bem as carnes com os dentes de alho, o coentro, o miolo de pão escorrido, mas mal espremido, o ovo e o sal. Amasse com as mãos para ficar tudo bem misturado, tampe com um pano e deixe descansar durante meia hora. Em seguida, em uma panela grande, despeje a cebola picada, os dentes de alho, os tomates, a pimenta vermelha e o azeite e deixe refogar, em fogo médio, até a cebola ficar transparente e cozida. Coloque a farinha de trigo em um prato, passe-a nas mãos, forme as almôndegas e passe-as também na farinha. Coloque azeite para esquentar em uma frigideira, doure as almôndegas e deixe-as escorrer em papel absorvente. Quando estiverem todas fritas, despeje-as com cuidado no refogado, misture bem e cubra com água quente. Deixe as almôndegas cozinharem em fogo brando durante 15 minutos ou até o molho engrossar. Sirva com arroz branco ou purê de batatas e uma boa salada verde.

Bifes na frigideira à portuguesa

4 bifes de alcatra ou coxão mole
4 fatias de presunto
4 dentes de alho
2 folhas de louro
50 ml de vinho branco
1 colher de sopa de azeite
4 colheres de sopa de manteiga
4 ovos estrelados (opcional)
Batatas para cozinhar
Sal
Pimenta-do-reino

Em uma frigideira grande, aqueça o azeite e os dentes de alho inteiros, junte o louro e deixe os dentes de alho fritarem um pouco. Tempere os bifes com sal e pimenta-do-reino e vá fritando, um a um, apenas para tomarem cor de ambos os lados. Retire os bifes e coloque-os em um prato para suarem. Em seguida, cozinhe batatas com casca e, depois de cozidas e descascadas, corte-as em rodelas médias. Passe as fatias de presunto pela gordura da fritura dos bifes, retire-as e reserve. Desengordure o molho dos bifes com o vinho branco, deixe ferver um pouco para reduzir e junte as quatro colheres de sopa de manteiga. Coloque os bifes em quatro pratos de barro, por cima de cada um ponha uma fatia de presunto, acomode as batatas cozidas cortadas em rodelas em volta, regue com o molho e, para quem preferir, coloque um ovo estrelado por cima.

Bifes em cerveja

4 bifes de lombo ou de coxão mole
100 ml de cerveja
2 dentes de alho amassados
1 colher de chá de molho inglês
1 colher de sopa de molho de tomate
Sal
Pimenta-do-reino

Misture a cerveja com o alho, o molho inglês e o molho de tomate em um recipiente raso. Adicione os bifes temperados com sal e pimenta-do-reino, mexa bem, tampe e deixe marinar, pelo menos três horas, virando-os uma ou duas vezes. Escorra os bifes e reserve a marinada. Grelhe os bifes na chapa ou em frigideira de ferro bem quentes, pincelados com a marinada, cerca de três minutos ou até atingirem o ponto desejado.

SUGESTÃO:

Sirva com batatas fritas e legumes salteados.

Bifes especiais para namorados

Em uma frigideira, derreta a manteiga, frite o alho e, quando este começar a dourar frite os bifes, um a um, dourando-os rapidamente de ambos os lados. Tempere-os com sal e pimenta-do-reino, retire-os da frigideira e reserve. Adicione um pouco mais de manteiga à frigideira, deixe derreter e junte o uísque com a mostarda. Misture bem, acrescente o creme de leite e, quando começar a ferver, introduza novamente os bifes. Deixe cozinhar apenas mais um minuto, até o molho engrossar.

2 bifes grossos de lombo ou coxão mole
1 colher de manteiga
1 dente de alho esmagado
1 cálice de uísque
100 ml de creme de leite
1 colher de chá de mostarda
Sal
Pimenta-do-reino moída na hora

Bifes recheados e empanados

600 g de alcatra ou coxão mole cortados em 8 bifes muito finos
4 fatias finas de presunto
4 fatias de queijo tipo reino
2 colheres de chá de alcaparras
1 pitada de orégano
2 ovos batidos
1 limão
Mostarda
Farinha de rosca
Óleo
Manteiga ou margarina
Sal
Pimenta-do-reino

Besunte os oito bifes com um pouco de mostarda. Coloque uma fatia de presunto e uma de queijo sobre quatro bifes, polvilhe com uma pitada de orégano e cubra-os com os outros quatro bifes. Tempere-os com sal e pimenta-do-reino, aperte bem os bifes recheados e passe-os pelos ovos batidos e pela farinha de rosca duas vezes, sempre apertando-os bem com as mãos. Frite-os em uma mistura de uma parte de óleo e duas de margarina até ficarem dourados dos dois lados. Em seguida, derreta duas colheres de sopa de manteiga, junte uma colher de sobremesa de suco de limão, duas colheres de chá de alcaparras picadas e uma colher de sopa de salsinha picada fino. Sirva os bifes com espaguete cozido, com o molho à parte.

SUGESTÃO:

Se preparar um bom molho de tomate caseiro para acompanhar estes bifes, o prato será enriquecido.

Bifes acebolados

750 g de carne de primeira cortada fino, para bife
6 cebolas cortadas em rodelas finas
1 folha de louro
2 dentes de alho cortados em fatias
6 batatas cortadas em rodelas da grossura de um dedo
1 colher de sopa de manteiga ou margarina
2 colheres de sopa de azeite
1 copo de vinho branco
Vinagre
Sal
Pimenta-do-reino

Limpe bem a carne e corte-a em bifes finos e do mesmo tamanho. Em uma panela, disponha em camadas as rodelas de cebola, as fatias de alho, a carne, a folha de louro e as batatas. Regue com o azeite, acrescente a manteiga, regue com o vinho branco e deixe cozinhar, em fogo médio, cerca de dez minutos. Tempere com sal e pimenta-do-reino. Se o molho secar, coloque um pouquinho de água e mantenha no fogo até as batatas cozinharem e o molho engrossar. No final, regue com um pouco de vinagre.

INDICAÇÃO:

Incluo as batatas na receita para aumentar a quantidade e não introduzir tanta carne. No entanto, a receita original é feita só com os bifes; as batatas devem ser cozidas inteiras e sem casca e servidas à parte, como acompanhamento.

Bifes picados com cogumelos

1 kg de carne moída (alcatra, coxão mole ou acém)
250 g de cogumelos frescos
2 dentes de alho
Manteiga
1 limão
Sal
Pimenta-do-reino

Com a carne moída, modele bifes altos, mas só tempere com sal e pimenta-do-reino na hora de preparar a receita. Em uma frigideira, coloque duas colheres de manteiga e dois dentes de alho amassados com casca e deixe-os fritar até ficarem ligeiramente dourados. Então, frite os bifes, mas até o ponto de dourarem dos dois lados e ficarem mal passados no centro. Então, desligue o fogo e deixe-os suar. Em outra frigideira, salteie os cogumelos em um pouco de manteiga, tempere-os com sal, pimenta-do-reino e suco de limão e junte-os aos bifes. Volte a aquecer a frigideira em fogo forte e sirva imediatamente, com acompanhamento a gosto.

Orientação:

O sucesso destes bifes de carne moída depende unicamente da qualidade da carne e de não serem muito passados, para não ficarem secos.

Bifes de festa

4 bifes grossos de lombo
1 placa de massa folhada
1 lata de foie gras
1 cálice de vinho Madeira
Manteiga
Sal
Pimenta-do-reino

Corte a massa folhada em quatro quadrados e leve-os ao forno para assar. Em seguida, frite os bifes em manteiga, temperados apenas com sal e pimenta-do-reino. Sobre cada quadrado da massa folhada assada coloque uma colher de chá de *foie gras* e, por cima, um bife. Ao suco que restou na frigideira em que foram assados, misture um pouco de *foie gras* passado pela peneira, um cálice de vinho Madeira e uma colher de manteiga e deixe ferver durante alguns minutos. Regue os bifes com esse molho.

SUGESTÃO:

Estes bifes podem ser servidos com aspargos, com batatas raladas e fritas ou, ainda, com rodelas de cebola passadas na farinha de trigo e fritas em óleo.

Bifes na frigideira da minha casa

4 bifes de carne de primeira com 200 g cada um

4 fatias finas de presunto cru

4 batatas grandes, cozidas e descascadas

4 colheres de sopa de manteiga

4 dentes de alho

4 ovos

Salsinha picada

Sal

Pimenta-do-reino moída na hora

Tempere os bifes apenas com sal e reserve. Em quatro frigideiras de barro coloque um dente de alho socado com casca, ½ folha de louro e uma colher de manteiga e leve ao fogo até os dentes de alho começarem a dourar. Então, frite os bifes rapidamente de ambos os lados, coloque-os em um prato e deixe-os suar. Corte as batatas cozidas, passe-as na manteiga e coloque-as nas bordas das frigideiras. Junte os bifes e, por cima, disponha uma fatia de presunto e termine com um ovo estrelado. Aqueça bem o fogo, deixe abrir fervura, regue com o suco que os bifes soltaram no prato, polvilhe com salsinha picada e pimenta-do-reino moída na hora e sirva imediatamente.

Orientação:

O presunto cru deve ser cortado muito fino; se necessário, pode ser demolhado em água fria ou pode ser substituído por fatias finas de presunto cozido.

Bifes que nunca chegam

1 kg de carne para bife (lombo, alcatra ou coxão mole)
2 dentes de alho
1 fio de azeite
100 g de margarina
Sal
Pimenta-do-reino

Tire todas as gordurinhas dos bifes. Despeje metade da margarina e o azeite em uma frigideira, juntamente com os dentes de alho amassados, e, quando estes começarem começar a dourar, frite rapidamente os bifes de ambos os lados, temperando-os, só então, com sal e pimenta-do-reino. Coloque-os imediatamente em um prato fundo e reserve. Na hora de irem para a mesa, despeje a margarina restante na frigideira, deixe-a derreter com o suco que os bifes soltaram, e, quando tudo estiver ligado, introduza os bifes apenas para aquecerem. Sirva-os com acompanhamento a gosto.

INDICAÇÃO:

Estes são os bifes simples da minha casa. Se forem feitos conforme indico, serão sempre um sucesso. Para evitar usar mais margarina, adicione um fio de azeite.

Doces

Doces

Quem não gosta de um bom docinho após a refeição? Julgo que, hoje em dia, com a vida corrida da maioria das mulheres, é cada vez mais difícil chegar a casa e preparar uma sobremesa.

Nesta compilação de receitas familiares tento dar várias ideias para resolver alguns problemas. Nesta introdução, gostaria de deixar mais um conselho que considero importante e que, sempre que possível, eu mesma sigo. Penso que podemos reduzir a quantidade de açúcar de algumas receitas, principalmente quando a quantidade indicada nos parecer exagerada. Por exemplo, em uma receita que utilize 500 g de açúcar para seis gemas de ovos, retirar 150 g ou 100 g na preparação da calda não fará muita diferença no resultado, desde, é claro, que se deixe ferver mais alguns minutos.

Delicie-se com alguns destes doces, que também podem ser comidos em quantidades razoáveis. Você sabia que um simples *muffin*, por ter mais gordura, é mais prejudicial à saúde que um delicioso pastel de nata?

Bolo de chocolate especial

4 ovos
300 g de açúcar de confeiteiro
200 g de farinha de trigo fina
250 g de chocolate
180 g de manteiga

Corte o chocolate em pedacinhos e a manteiga em cubos e leve ao micro-ondas para derreter. Misture bem e reserve. Bata bem os quatro ovos inteiros e junte ao chocolate derretido já morno ou quase frio, misturando rapidamente para a massa não esfriar muito nem endurecer. Acrescente o açúcar e a farinha peneirada, bata bem e despeje em forma untada e enfarinhada. Leve ao forno, preaquecido a 180 ºC, por 45 minutos. Para enriquecer, sirva regado com uma boa calda de chocolate.

Bolo especial de laranja

Bata o açúcar com as gemas até obter uma mistura branca e fofa. Adicione o suco e as raspas de laranja e as claras em neve e, em seguida, misture com a fécula de batata e o fermento peneirados. Unte uma forma redonda, grande, despeje a massa e leve ao forno, preaquecido a 175 ºC, cerca de 30 minutos. Em seguida, prepare a calda da cobertura: leve ao fogo o suco de laranja, a manteiga, o açúcar e as raspas da laranja e deixe até abrir fervura. Retire o bolo do forno, desenforme-o, fure-o com um espeto e regue-o com esta calda. Em volta do bolo, coloque rodelas de laranja para enfeitar.

500 g de açúcar
250 g de fécula de batata
8 ovos
3 colheres de sopa de suco natural de laranja
1 colher de sopa de raspas de casca de laranja
3 colheres de chá de fermento em pó

Para a cobertura:
30 ml de suco natural de laranja
200 g de manteiga
200 g de açúcar
Raspas da casca de 1 laranja
Rodelas de laranja para enfeitar

Bolo de fubá

6 ovos
200 g de manteiga
500 g de açúcar
300 g de farinha de trigo
200 g de farinha de milho
1 xícara de leite
1 copo pequeno de leite de coco
1 colher de sopa de fermento em pó
1 colher de sopa de erva-doce

Bata as claras em neve e reserve. Bata o açúcar com a manteiga amolecida e as gemas até ficar bem fofo. Acrescente a farinha de trigo e a farinha de milho, uma de cada vez, misturando bem, alternando com o leite e o leite de coco. Junte as claras em neve e o fermento e uma colher de sopa de erva-doce. Despeje a massa em uma forma previamente untada e enfarinhada e leve ao forno, a 180 °C, durante 45 minutos.

Bolo de vinagre

Bata o açúcar com as gemas até obter uma massa esbranquiçada e que faça bolhas. Junte o vinagre e as claras em neve. Misture este preparado com a fécula de batata e o fermento peneirados. Unte uma forma redonda grande e leve ao forno, previamente aquecido a 175 ºC, na parte de baixo, durante 30 minutos ou até o palito sair seco. À parte, leve ao fogo o leite, a manteiga, o açúcar e as raspas da casca de limão e deixe levantar fervura. Quando o bolo estiver cozido, regue-o com esta calda e, no final, polvilhe-o com o coco ralado. Se preferir, não coloque a calda e apenas polvilhe o bolo com açúcar de confeiteiro. Enfeite a gosto.

500 g de açúcar
250 g de fécula de batata
8 ovos
2 colheres de sopa de vinagre
3 colheres de chá de fermento em pó
Fermento
Sal

Cobertura:
300 ml de leite
250 g de manteiga
250 g de açúcar
Raspas da casca de 1 limão
Coco ralado (opcional)

Bolo-rei autêntico com massa de brioche

250 g de farinha de trigo fina
150 g de manteiga
150 g de frutas cristalizadas
2 colheres de sopa de leite
2 colheres de sopa de açúcar
3 ovos inteiros
1 gema
1 colher de chá rasa de sal
Nozes picadas
Pinhões
Farinha para polvilhar
Manteiga para untar a assadeira
Fava de baunilha
Sal

Em uma tigela, despeje a farinha de trigo peneirada com o sal e vá batendo à medida que junta o leite e o açúcar. Acrescente os três ovos inteiros e bata tudo com a batedeira elétrica. Então, desligue a batedeira e, com as mãos, incorpore a manteiga amolecida à temperatura ambiente (não derretida), adicionando-a à massa aos pedacinhos. Depois de tudo bem misturado, coloque a massa em uma tigela, cubra com um pano e deixe levedar por uma hora e meia. Em seguida, rompa a massa, isto é, segure a porção superior da massa com a mão aberta e puxe-a para cima. Faça isto mais duas vezes em intervalos de duas horas e deixe a massa em local fresco até o dia seguinte. Polvilhe a mesa com farinha e, com as mãos, estenda a massa, formando um círculo. Sobre a massa, espalhe as frutas cristalizadas, as nozes picadas, os pinhões e a fava de baunilha. Enrole a massa em formato de bola e ponha-a em uma assadeira levemente untada com manteiga e polvilhada com farinha. Faça um buraco no meio da massa com o polegar e o indicador e deixe levedar por uma hora e meia. Por fim, pincele com gema de ovo e leve ao forno, previamente aquecido a 200 ºC, cerca de meia hora.

INDICAÇÃO:

Esta é a receita de *brioche bordelaise* de Gaston Lenôtre, tido universalmente como o melhor confeiteiro da atualidade. Encontrei-a em *Histoire naturelle et morale de la nourriture*, de Maguelonne Toussaint-Samat.

Fofo de chocolate coberto de musse

Dilua o chocolate em pó na água bem quente e deixe esfriar. Despeje a farinha de trigo, o açúcar e o fermento em uma tigela e misture bem. Abra uma cavidade no centro e coloque o óleo, as gemas e o chocolate diluído, misture muito bem e bata fortemente durante dez minutos. Adicione as claras batidas em neve firme com uma pitada de sal e incorpore-as à massa delicadamente, sem bater. Então, despeje a massa em uma forma redonda com cerca de 22 cm de diâmetro, previamente untada com margarina e polvilhada com farinha. Asse em forno moderado (200 °C), previamente aquecido, durante cerca de 40 minutos. Verifique o ponto com um palito, desenforme e deixe esfriar sobre uma peneira. Para a musse, corte o chocolate em pedacinhos, derreta-o em banho-maria ou no micro-ondas (um minuto na potência máxima), junte as gemas previamente batidas e o açúcar, misture bem e, em seguida, incorpore as claras em neve firme. Cubra o bolo com esta musse e decore a gosto.

75 g de chocolate em pó

250 g de farinha de trigo peneirada

300 g de açúcar

1 colher de sopa de fermento em pó

100 ml de óleo de soja ou de milho

6 ovos

100 ml de água

Margarina para untar a forma

Sal

Para a cobertura:

1 tablete de chocolate para cobertura

1 colher de sopa de açúcar

6 ovos

Musse de iogurte

6 ovos
180 g de açúcar
3 embalagens de iogurte natural
1 colher de sopa de licor
Sal

Bata as gemas com 160 g de açúcar até obter um creme fofo e esbranquiçado. Despeje em uma vasilha funda o iogurte e o licor, bata com o *mixer* até engrossar e junte ao preparado anterior, misturando bem. Despeje este preparado em uma panela e leve ao fogo, em banho-maria, sem deixar que o recipiente toque no fundo da panela com a água e batendo bem com o *mixer* até engrossar e ficar cremoso. Retire do fogo e deixe esfriar. Bata as claras em neve firme com uma pitada de sal, para crescerem mais facilmente, e, com cuidado e sem bater, incorpore-as ao preparado anterior. Despeje a musse em taças pequenas ou em uma taça grande, cubra com filme plástico e leve para gelar por cinco a seis horas. Retire do geladeira apenas na hora de servir.

Sugestão:

Para aromatizar, pode juntar 1 colher de sobremesa de licor de framboesa, de laranja ou qualquer outro ou, ainda, utilizar iogurtes com sabor.

Doce de batata-doce

Descasque a batata-doce, cozinhe-a, escorra e passe pelo espremedor de legumes, pelo disco mais fino. Leve ao fogo o açúcar e deixe ferver até atingir ponto de bala. Junte o purê de batata-doce, o pau de canela e as raspas de limão e deixe ferver até obter novamente o mesmo ponto.

1 kg de batata-doce descascada
75 g de açúcar
Raspas da casca de 1 limão
1 pau de canela

Doce de castanhas (castanhada)

500 g de castanhas cozidas
150 g de miolo de amêndoa pelada e ralada
400 g de açúcar
8 gemas de ovos grandes

Leve ao fogo o açúcar com um pingo de água e deixe ferver até atingir ponto de estrada (quando a colher faz um caminho ou estrada, no fundo da panela). Junte o purê de castanhas e a amêndoa ralada e deixe ferver até voltar a tomar o ponto. Retire do fogo, junte as gemas previamente batidas, misture bem e leve novamente ao fogo, sem deixar ferver, só para cozinhar as gemas. Despeje em uma taça de serviço e sirva morno ou bem frio.

Doce de grão-de-bico

Demolhe o grão-de-bico de véspera e cozinhe-o até ficar macio. Passe-o pelo espremedor de legumes e reserve. Leve ao fogo o açúcar, apenas coberto de água, e deixe ferver até obter ponto de estrada. Junte o purê de grão-de-bico e as amêndoas picadas e deixe cozinhar alguns minutos. Retire do fogo, junte as gemas desfeitas, a canela em pó e a manteiga. Leve novamente ao fogo, apenas para cozinhar as gemas, mas sem deixar ferver. Retire do fogo, despeje na taça de servir e polvilhe com canela em pó ou com amêndoas tostadas e raladas grosseiramente.

500 g de grão-de-bico
150 g de miolo de amêndoa pelada e picada
400 g de açúcar
1 colher de chá de canela em pó
75 g de manteiga
8 gemas de ovos grandes

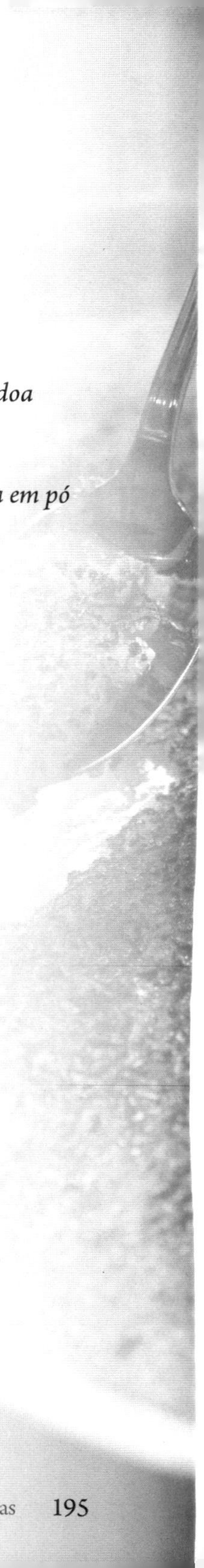

Doce de quartos de marmelo

1½ kg de marmelos (equivale a 1 kg de marmelos cozidos)
700 g de açúcar
1 pau de canela
150 ml da água do cozimento dos marmelos
2 cravos-da-índia
½ limão

Em uma panela funda, coloque os marmelos descascados e sem sementes, cubra-os com água e leve ao fogo para cozinhar. Depois de cozidos, escorra-os e pese-os. Em outra panela, leve ao fogo 700 g de açúcar, 150 ml da água do cozimento dos marmelos, junte um pau de canela, a casca do limão e os dois cravinhos e deixe ferver até fazer ponto de estrada. Então, junte os marmelos cozidos, misture-os no açúcar e retire do fogo. Despeje em potinhos e, ainda quente, cubra com papel vegetal.

INDICAÇÃO:

O ponto de estrada é aquele em que, quando se passa a colher no fundo da panela, forma-se uma estrada ou caminho.

Doce de leite condensado

1 embalagem de leite condensado light

1 embalagem de creme de leite

2 embalagens de gelatina de abacaxi

Bolachas Maria

Bata o creme de leite, sem açúcar, em *chantilly*. Prepare a gelatina (as duas embalagens) em metade do líquido, ou seja, meio litro de água quente e meio litro de água gelada, e reserve um pouco apenas para enfeitar. Triture as bolachas. Misture o leite condensado ao creme de leite batido, sem bater, e junte a gelatina, ainda morna. Coloque a mistura em uma forma e leve para gelar. Depois, desenforme, polvilhe generosamente com a bolacha triturada e enfeite com a gelatina restante picada e com pedacinhos de abacaxi.

SUGESTÃO:

Pode-se fazer esta sobremesa com morangos, utilizando gelatina de morango ou de outro fruto a gosto.

Coalhada de limão

1 litro de leite
500 g de açúcar
10 gemas
1 colher de sopa de erva-doce
Suco de 1 limão

Ferva o leite com a colher de sopa de erva--doce amarrada em um pedaço de pano e, em seguida, junte o suco de limão para coalhar. Afaste a vasilha do calor e retire a erva-doce. Ferva o açúcar apenas coberto de água até fazer ponto de espadana, adicione o leite coalhado, mexa e deixe ferver durante três minutos. Retire do fogo, deixe amornar e junte as gemas batidas. Leve novamente ao fogo, muito brando, sem nunca deixar ferver e sem parar de mexer, para cozinhar as gemas.

Encharcada

22 gemas
4 claras
750 g de açúcar
200 ml de água
Casca de limão

Leve ao fogo o açúcar e a água, junte a casca de limão e deixe ferver até formar ponto de pérola fraco. Em seguida, misture as 4 claras nas 22 gemas, bata como para ovos mexidos e, com a ajuda de uma peneira fina e em movimentos circulares, vá colocando esta mistura na calda. Com uma espátula, ajude a levantar os ovos da borda da panela e vá mexendo com um garfo para soltá-los. Quando estiverem cozidos, desligue o fogo, despeje os ovos com a calda em um prato de servir que possa ir ao forno e à mesa e polvilhe com canela. Leve ao forno, previamente aquecido a 250 °C, apenas para dourar a superfície.

Laranjinhas doces

400 g de cenoura ralada
400 g de açúcar
Raspas da casca de 2 laranjas
Cravos-da-índia
Açúcar cristal para embrulhar

Misture a cenoura ralada com o açúcar e leve ao fogo para cozinhar. Junte as raspas de laranja e deixe ferver até ficar em ponto de estrada. Retire do fogo, deixe esfriar e forme bolinhas, imitando laranjinhas. Passe no açúcar cristal e enfeite com um cravo-da-índia.

Castanhada à portuguesa

Passe pela peneira 400 g de castanhas descascadas e cozidas com um pouco de sal e erva-doce. Leve ao fogo 450 g de açúcar até atingir ponto de pasta. Retire do fogo e acrescente a massa de castanhas, juntamente com algumas amêndoas moídas. Leve novamente ao fogo, sem parar de mexer com a colher de pau, e deixe até fazer um caminho no fundo da panela.

400 g de castanhas
450 g de açúcar
Amêndoas moídas
Erva-doce
Sal

Cavacas das Caldas

8 ovos
300 g de farinha de trigo
2 colheres de sopa de manteiga
500 g de açúcar
Azeite

Bata os ovos com a farinha até obter uma massa homogênea. Junte a manteiga derretida e misture bem. Despeje a massa em formas de bolinhos individuais untadas com azeite e leve para assar em forno muito quente cerca de 25 minutos. Prepare a cobertura, levando o açúcar ao fogo com um pouco de água até obter ponto de estrada. Bata a calda para ficar opaca. Quando os bolinhos (cavacas) estiverem assados e frios, passe-os pela calda, com a ajuda de dois garfos, e coloque-os sobre uma peneira para escorrer e secar.

Festas de família

Festas de família

As ideias que aqui apresento para as ocasiões especiais pretendem, se me for permitido, introduzir alguma novidade, uma vez que é muito difícil seguir as tradições de norte a sul de Portugal. Também o ritmo de vida atual não permite que nestas datas tenhamos tempo suficiente para fazer as inúmeras iguarias de tempos atrás.

Nas grandes cidades, como há mais facilidade para encontrar uma grande variedade de produtos, é possível dar mais asas à imaginação. É por isso que apresento aqui algumas ideias para, com a matéria-prima tradicional, se dar outro aspecto aos pratos. E deixo à imaginação dos leitores o desafio de completá-las e de se surpreenderem com mais novidades nascidas das receitas tradicionais.

Véspera de Natal

A canja

•

Galinha ou peru de Natal com espumante

•

O bacalhau da minha casa

•

Os doces de Natal

Beilhoses

•

Coscorões

•

Encharcada da minha casa

•

Fatias paridas

•

Azevias de grão-de-bico

•

Arroz-doce da Filipa

A canja

Leve o caldo ao fogo com os legumes, junte os miúdos picados e deixe cozinhar até ficarem macios. Acrescente folhinas de hortelã e o arroz. Deixe cozer bem e bata tudo com o *mixer* até formar em um creme. Então, junte os ovos e leve ao fogo por mais alguns minutos para que cozinhem. No momento de servir, enfeite com raminhos de hortelã.

Caldo de galinha
Ovos
Legumes
Miúdos de frango
1 xícara de chá de arroz
1 galho de hortelã

Galinha ou peru de Natal com espumante

1 galinha gorda com ovos
1 garrafa de espumante brut
½ litro de creme de leite
250 g de cogumelos
1 cebola
1 cenoura
1 talo de aipo
1 alho-poró
1 dente de alho esmagado
1 fio de azeite
150 g de manteiga
Raminhos de alecrim
Sal
Pimenta-do-reino

Mergulhe a galinha em um caldo com um fio de azeite aromatizado com grãos de pimenta-do-reino, uma cebola, uma cenoura, um talo de aipo e um alho-poró e deixe cozinhar até os legumes estarem cozidos. Então, retire a galinha e reserve o caldo. Prepare uma pasta com o alho esmagado, o sal, metade do creme de leite e pimenta-do-reino e besunte bem a galinha. Em seguida, coloque-a em uma forma refratária e regue com metade do espumante, o restante do creme de leite e a manteiga cortada em pedacinhos. Disponha raminhos de alecrim em volta e leve ao forno para assar a 160 °C. Verifique de vez em quando e vá regando com o restante do espumante até a pele da ave estar tostada. Quando começar a tostar, junte os cogumelos cortados em quatro. Sirva com batata palha e agrião.

O bacalhau da minha casa

Deixe o bacalhau de molho, cozinhe-o, retire cuidadosamente a pele e as espinhas e desfie-o. Leve ao fogo uma panela com a cebola, os dentes de alho, as pimentas vermelhas e o azeite e frite até a cebola murchar. Então, coloque o bacalhau e deixe que cozinhe até começar a pegar no fundo da panela. Em seguida, prepare o molho branco, tempere-o com sal, pimenta-do-reino e noz-moscada, junte o coentro bem picado e o bacalhau, misture bem e reserve. Unte bem uma travessa refratária, forre-a com as fatias de pão, regue o pão com um pouco de leite fervente e, por cima, coloque o bacalhau. Finalmente, polvilhe tudo com pão e queijo ralado, acrescente pedacinhos de manteiga e leve para gratinar.

4 postas grossas de bacalhau
200 ml de azeite
2 cebolas finamente picadas
4 dentes de alho bem picados
2 pimentas vermelhas
6-8 fatias de pão sem casca
½ litro de molho branco
1 maço grande de coentro
Manteiga em pedacinhos
Pão
Queijo ralado
Noz-moscada
Sal
Pimenta-do-reino

Beilhoses

½ abóbora pequena
2 ou 3 ovos, conforme o tamanho
Farinha o quanto baste
1 colher de sopa de fermento em pó
Raspas e suco de 1 laranja
Açúcar
Canela em pó para polvilhar
Sal

Corte a abóbora em pedaços, cozinhe-os com uma pitada de sal e escorra bem. Em uma tigela, despeje a abóbora cozida e escorrida, as raspas e o suco de laranja e as gemas dos ovos. Aos poucos, adicione farinha em quantidade suficiente para ficar uma massa pouco espessa. Junte o sal e o fermento, misture muito bem todos os ingredientes e incorpore as claras em neve. A massa deve ficar mole, com a consistência de um creme grosso. Em uma frigideira grande, aqueça bem bastante óleo e vá colocando colheradas desta massa, deixando fritar até dourar. Escorra os beilhoses em papel absorvente, coloque-os em um prato de servir e polvilhe-os generosamente com açúcar e canela.

Coscorões

Em uma tigela grande, despeje aguardente, o vinho do Porto, o suco de laranja, a manteiga e a banha derretidas, cerca de três colheres de sopa de água e a farinha. Amasse bem com as mãos até a massa começar a fazer bolhas. Então, faça uma bola, polvilhe-a com farinha, tampe e deixe descansar cerca de uma hora. Estenda a massa com o rolo, corte tiras da grossura de um dedo e frite em óleo. Prepare uma calda de açúcar e, sem retirar a panela do fogo, passe os coscorões.

1 kg de farinha de trigo
50 ml de aguardente
100 g de banha
100 g de manteiga
50 ml de vinho do Porto
Água
Óleo para fritar
Calda de açúcar
Suco de 1 laranja
Sal

ORIENTAÇÕES:

Se a massa tiver ficado um pouco dura, junte mais um pouco de manteiga derretida e uma colher de água, amassando-a mais um pouco. A calda pode ser substituída por açúcar e canela.

Encharcada da minha casa

500 g de açúcar
16 gemas
Casca de 1 limão
Açúcar
Água

Leve o açúcar ao fogo com um pouco de água e a casca de limão até atingir ponto de fio. Com a ajuda do funil de fios de ovos, adicione as gemas previamente desfeitas e em círculos, deixando-as cozinhar, mas mexendo-as com um garfo para soltar das bordas. Despeje rapidamente as gemas com a calda em um prato fundo refratário e leve ao forno, previamente aquecido a 250 °C, só para tostar um pouco a superfície.

Orientações:

Este doce deve ficar com um pouco de calda e deve ir ao forno muito rapidamente para não secar.

Fatias paridas

Corte fatias grandes de pão e embeba-as em vinho branco, previamente fervido com paus de canela. Retire-as e frite-as em bastante óleo. Volte a passá-las rapidamente pelo vinho branco aromatizado, disponha-as em uma travessa e polvilhe-as com açúcar e canela.

1 pão de trigo grande
1 litro de bom vinho branco
3 paus de canela
Açúcar
Canela em pó

Azevias de grão-de-bico

1 kg de farinha de trigo
200 g de banha de porco
1 litro + 200 ml de azeite
Sal

Para o recheio:
500 g de grão-de-bico cozido
400 g de açúcar
4 gemas
1 colher de sopa de banha
Casca de limão
Canela
Açúcar
Canela em pó para polvilhar
Água
Óleo para fritar

Escalde a farinha com a banha e o azeite e vá amassando, juntando pingos de água, se necessário. Acrescente o sal e, depois de amassar, deixe a massa repousar durante duas horas. Em seguida, prepare o recheio, levando o açúcar ao fogo com um pouco de água, o pau de canela e a casca de limão até fazer ponto de cabelo. Junte à calda o grão-de-bico cozido e amassado, deixe ferver mais um pouco e retire do fogo. Quando esfriar um pouco, acrescente as gemas batidas, misture bem e leve tudo ao fogo outra vez, acrescentando uma colher de sopa de banha. Estenda a massa em tirar largas, como se fosse fazer pastel, coloque porções de recheio, dobre a massa e, com a ajuda de uma xícara, corte em meias-luas. Em seguida, aperte as bordas para ficarem bem fechadas e frite as azevias em óleo bem quente. Passe-as em bastante açúcar e canela.

Arroz-doce da Filipa

Leve ao fogo uma panela com a água, a manteiga, o pau de canela e a casca de limão. Quando a manteiga estiver derretida, despeje o arroz, junte uma pitada de sal, mexa e deixe cozinhar até incorporar quase toda a água. Então, acrescente o leite, deixe ferver mais um pouco e despeje o açúcar. Continue a cozinhar, mexendo de vez em quando. Em uma tigela, bata as gemas e coloque algumas colheradas do arroz, batendo bem para as gemas não talharem. Então, despeje esta mistura na panela, já com o fogo apagado. Misture bem, retire o pau de canela e a casca de limão e despeje em uma travessa de servir. Deixe esfriar um pouco e, finalmente, polvilhe com canela em pó.

½ litro de água
75 g de manteiga ou margarina
1 pau de canela
8 colheres de sopa de açúcar
1 litro de leite quente
½ xícara de chá de arroz
6 gemas
Casca de limão
Canela em pó o quanto baste
Sal

Jantar de Ano-Novo

Flan de ovo ao molho de cogumelos

•

Filés de linguado enrolados em tiras de salmão

•

Coxas de pato ao vinho do Porto
e pêssegos em calda

•

Gelado delicioso de abacaxi e ricota

Flan de ovo ao molho de cogumelos

Unte uma forma de pudim com margarina e aqueça o leite. Despeje em uma tigela os ovos inteiros e as gemas, bata um pouco, e junte a noz-moscada e o sal. Acrescente o leite previamente aquecido a essa mistura, aos poucos e mexendo sempre, para não cozinhar as gemas. Despeje na forma untada e leve para assar em banho-maria, com a água já quente, em forno preaquecido a 200 ºC. Depois de assado, deixe esfriar fora de água alguns minutos antes de desenformar. Enquanto o flan estiver no forno, prepare o molho. Limpe os cogumelos, corte-os em quatro e despeje-os em um pouco de água com gotas de suco de limão. Em seguida, escorra os cogumelos e coloque-os em uma frigideira com um pouco de manteiga (10 g), suco de limão e sal e deixe cozinhar cerca de seis minutos, escorrendo-os novamente. À parte, prepare um molho branco com a manteiga restante, a farinha, o leite e o sal. Deixe cozinhar alguns minutos e adicione a pitada de *curry* e os cogumelos bem escorridos para não talhar o molho. Reserve. Sirva o flan em uma travessa, colocando parte do molho bem quente em volta e o restante à parte, acompanhado de uma boa salada.

750 ml de leite
2 ovos inteiros
6 gemas
Noz-moscada
Sal
20 g de manteiga ou margarina para untar a forma

Para o molho:
300 g de cogumelos frescos
1 colher de sopa de farinha de trigo
30 g de manteiga
1 copo de água de leite
1 pitada de curry
Suco de 1 limão
Água
Sal

Filés de linguado enrolados em tiras de salmão

1 embalagem de filés de linguado congelados
250 g de lombo de salmão fresco
2 colheres de sopa de azeite
1 colher de sopa de vinagre
1 colher de sopa de manteiga
1 colher de sopa de conhaque
1 colher de sopa de alcaparras
Sal
Pimenta-do-reino

Descongele os filés de linguado, lave-os, seque-os bem e tempere-os com um pouco de sal e pimenta-do-reino. Em seguida, corte o salmão em fatias finas e utilize-as para enrolar os filés. Ponha os rolinhos em uma travessa refratária, regue-os com o azeite e o vinagre e tempere-os novamente com um pouco mais de sal e pimenta-do-reino. Leve a travessa ao forno e, quando os rolinhos estiverem cozidos, regue-os com o conhaque, adicione a manteiga e deixe dourar. Finalizando o prato, adicione as alcaparras e sirva bem quente, com acompanhamento a gosto.

SUGESTÃO:

O conhaque pode ser substituído por suco de limão e a pimenta-do-reino pode ser eliminada da receita.

Coxas de pato ao vinho do Porto e pêssegos em calda

Tempere as coxas de pato com sal e pimenta-do-reino. Coloque o azeite em uma frigideira e leve as coxas para dourar em fogo forte. Em seguida, tampe a frigideira e deixe cozinhar durante dez minutos em fogo brando. Retire as coxas e leve-as ao forno, previamente aquecido a 160 °C, cerca de 30 minutos. Para fazer o molho, escorra a maior parte da gordura que restou na frigideira em que as coxas foram cozidas, mas sem lavá-la, adicione o suco de limão, o açúcar, o vinho do Porto, um pouco da calda dos pêssegos, o dente de alho amassado, o louro e o caldo de galinha, e cozinhe por 20 minutos, em fogo muito brando e com a frigideira tampada. Então, retire as coxas de pato do forno e regue-as com o molho. Enfeite com fatias de pêssego.

4 coxas de pato
4 colheres de sopa de azeite
2 colheres de sopa de suco de limão
1 colher de sopa de açúcar
3 colheres de sopa de vinho do Porto
250 g de pêssegos em calda
1 dente de alho
1 folha de louro
1 tablete de caldo de frango
Sal
Pimenta-do-reino moída na hora

Gelado delicioso de abacaxi e ricota

1 abacaxi
50 g de ricota
Adoçante a gosto
Hortelã

Retire a polpa do abacaxi e bata no liquidificador com a ricota e o adoçante. Leve à geladeira para endurecer, mexendo de vez em quando. Sirva dentro da casca do abacaxi, enfeitando-a com folhinhas de hortelã.

Índice de Receitas

Este livro foi composto em Arno Pro
para Texto Editores Ltda. em outubro de 2010.